イラスト&図解

知識ゼロでも楽しく読める!

神様と神社

三橋 健

JN028300

西東社

はじめに

私たちの国にはさまざまな宗教があることから、日本は「宗教の博物館」といわれています。そのなかで、広く知られているのは神道・仏教・キリスト教です。このうち、仏教とキリスト教は外国から伝来した宗教ですが、神道は日本の国土から自然に芽生え、そこで育った、いわば根おいの宗教です。

そのため、神道は「日本固有の民族宗教」ともいわれます。しかし、固有といわれる神道にも、世界に普遍的な思想や理念が見られます。神道にとって大事な神話や神々、あるいは神社や祭りなどには、世界に共通する要素が多く含まれています。たとえば、日本の祭りを見て「ワンダフル&ビューティフル!」と感動する外国人は少なくありません。その一方で、やはり神道とキリスト教には相違点もあります。信仰・崇拝の対象である神様を見てみますと、神道では「八百万《やおよろず》の神《かみ》」といわれるように、数えきれないほど多くの神々がいますが、キリスト教の神は唯一です。

また神道は、前記したように日本の大地で生まれそこで育ってきたことから、たんに宗教だけでなく、日本という国家の成り立ちや国の状態、さらに日本人の日々の暮らしぶり

とも深く関わってきました。ですので、日本とは何か、あるいは日本人や日本文化とは何かを知るには、神道を学ぶことが最も近道でもあるのです。

そうは言うものの、日本人のなかにも「神道はむずかしい」という人が多くいます。その理由のひとつは、神道があまりにも私たちの身近にあるからなのです。私たち日本人の生活やモノの見方・考え方、そのもののなかに神道が溶け込んでいるため、神道が見えなくなっているともいえるでしょう。

本書は、神道にとって重要な日本神話、神様、神社の魅力を、その方面の知識がゼロの人にも楽しく読めるように、できるだけわかりやすく説明してあります。日本人の日常生活のなかに息づいている神道のすばらしさに気づいてもらうため、話題を簡潔にまとめ、イラストや図解、写真を使って解説しました。ですので、ページの順番に読んでいく必要もなく、興味をもったところからすぐに読めるように工夫してあります。また、神道を学び直したいと思っている人にも、最適な内容となっていますので、楽しく読み進めてみてください。

本書が、日本のみならず、世界の宝物である神道を知るためのよすがとなれば幸いです。

元國學院大學神道文化学部教授
三橋 健

もくじ

1章 まずは知っておきたい 日本神話と神々の系譜 9▶48

2章 意外なほどたくさんいる？ 神社に祀られる神々 49▶78

3章 なるほど！とわかる 神社のしくみ 79▶116

4章 知っておきたい！全国の有名神社と神社信仰

全国神社紹介

本書は特に明記しない限り、2024年６月現在の情報に基づいています。

＊本文中の神名表記は、原則として『古事記』の表記によります。ただし、4章の主な神社一覧などでは、それぞれの神社における祭神名を挙げてあります。
＊神名・祝詞などは歴史的仮名遣いで表記すべきですが、一般読者を考慮して現代仮名遣いに改めました。
＊年月日は、明治五年までは旧暦（太陰太陽暦）、明治政府が太陽暦を採用した明治六年からは新暦で表記しています。
＊本書における人物の名前は、諱や字に限らず、その人物が最も一般的に通用している呼び名で表記しました。

1章

まずは知っておきたい
日本神話と神々の系譜

日本の神話は、『古事記』と『日本書紀』にくわしく書かれています。本章では、2つの書物をもとに、日本神話で活躍する神々を見ていきます。

01 記《き》紀《き》の神話の世界

古事記と日本書紀の違いは？

日本神話のベースになった2つの書物

日本神話を知るには『古事記』『日本書紀』を知る必要があります〔図1〕。この二典は日本の代表的な古典で、どちらも＊平城京遷都《へいじょうきょうせんと》の後、すなわち奈良時代初期に成立しています。**『古事記』**は＊天《てん》武《む》天皇の勅《みことのり》を受けて編纂《へんさん》されて、和銅《わどう》五（712）年に＊元明《げんめい》天皇の御代《みよ》に完成しました。一方、**『日本書紀』**が完成したのは『古事記』成立から8年後の養老《ようろう》四（720）年。こちらは中国の史書を手本としています。これら二典には共通する部分も多く、2つ合わせて「記紀神話」と呼ばれています。

なぜ同時代に2つの歴史書ができたのでしょうか？**『古事記』は、各地の豪族との戦いに勝ち抜いて王権を確立したプロセスが神話という形になっていて、天皇家の正当性を示すもの**になっています。そのため、出雲《いずも》神話が大きな位置を占めています。

これに対して**『日本書紀』は国家の正史で、中国や朝鮮の書物、政府や寺院の縁起など幅広く記録を収録していて、国外向けの通史**となっています。つまり、地方である出雲の記事は『日本書紀』には登場しないのです〔図2〕。

また、神様の名前や表記にも違いがあります。『古事記』は漢字の音読みと訓読みを交えて表記されたのに対して、『日本書紀』は漢文で記されています。日本語本来の音を漢字表記した『古事記』に対して、『日本書紀』は意味をもつ漢字で表記しているためです。

＊**平城京**：奈良時代の日本の首都。唐の都「長安」や北魏洛陽城などを模倣して造営された。
＊**天武天皇**：壬申の乱で天智天皇の息子を倒して即位。律令国家の確立を目指した。
＊**元明天皇**：孫の聖武天皇が幼かったために、中継ぎとして即位した女帝。

『古事記』『日本書紀』とは？

古事記と日本書紀の違い〔図1〕

『古事記』は神話、『日本書紀』は国家の歴史が書かれている。

	古事記	日本書紀
巻　数	上・中・下（全三巻）	三十巻と系図
範　囲	日本初発《しょはつ》～推古《すいこ》天皇	天地開闢《かいびゃく》～持統《じとう》天皇
記　述	紀伝体を含む編年体	編年体
表記法	漢字の音読みと訓読みを交えた和文	漢文
性　格	天皇を中心とする神話	日本初の国家の正史
編纂者	稗田阿礼《ひえだのあれ》が語り、太安万侶《おおのやすまろ》が筆記した	川島皇子《かわしまのみこ》、忍壁皇子《おさかべみこ》ら皇族らが命じられて編纂が始まり、舎人《とねり》親王《しんのう》が完成させた
完　成	和銅五（712）年	養老四（720）年
相違点	● 出雲神話に重点 ● 一定の視点から語られる	● 出雲神話がみえない ● いろいろな説を併記

記紀が成立した理由〔図2〕

7～8世紀にかけて天皇家による国家が成立したが、統治の正当化が必要だった。そこで『古事記』は国内に向けて、『日本書紀』は国外に向けて、天皇家による国家統治を正当化するため、記紀は作られた。

▶記紀編纂者の太安万侶、舎人親王、稗田阿礼の像
（「舎人親王画像
附収：稗田阿礼・太安万呂」
東京大学史料編纂所所蔵模写）

神話の始まりは？

02 天地の始まりと神々

天と地が分かれて神々が現れた

『古事記』では、天地の始まりを次のように伝えています。「はるかな昔、世界は混沌の中にあった。初めて天と地が分かれたとき「＊高天原《たかまのはら》」と呼ばれる神々の世界に、天御中主神《アメノミナカヌシノカミ》、高御産巣日神《タカミムスヒノカミ》、神産《カムム》巣日神《スヒノカミ》という三＊柱《みはしら》の神（造化三神《ゾウカサンシン》）が現れた」。**天御中主神《アメノミナカヌシノカミ》とは、高天原の中心に位置して宇宙の根源をなす神**とされています。次に生まれたのが高御産巣日神《タカミムスヒノカミ》と神産巣日神《カムムスヒノカミ》。両神の名前の中にある「＊むすひ」の「むす」は生成を、「ひ」は不思議な霊力を意味し、生成力の神とされます。**高御産《タカミム》巣日神《スヒノカミ》は、のちの天孫降臨《てんそんこうりん》**（⬇P36）**を司令する神**となります。そして、**神産巣日神《カムムスヒノカミ》は生命の復活と再生を司り、出雲系神話では生命の蘇生復活の神として登場**します。

その頃の地上は、まだ水に浮かぶ油のように漂っている状態でしたが、そこから葦《あし》の芽が萌えるような**宇摩志阿斯訶備比古遅神《ウマシアシカビヒコジノカミ》**と**天之常立神《アメノトコタチノカミ》**という二柱《ふたはしら》の神が生まれました。これら五柱《いつはしら》の神々は「**別天津神《コトアマツカミ》**」と呼ばれ、記紀《きき》神話の中でも格別に高貴な神とされています。

その後「**神世七代《かみよななよ》**」という時代になり、次々と神々が現れます。最初の二代は、別天津神《コトアマツカミ》と同様に男女の性別のない独神《ひとりがみ》で、国土や大地を神格化した神でした。これに続くのが、男女二神が対になった五代の〝双《ふた》つ神〟です。

その最後に誕生したのが、有名な伊耶那岐神《イザナキノカミ》と伊耶那美神《イザナミノカミ》です（⬇P18）。

＊高天原：天津神がいる天上にある広大な神々の世界を指し、天照大御神が支配する。
＊柱：神々を数えるときに用いる語。偏の木は神霊の依代、旁の主はとどまるという意味。
＊むすひ：「産霊」「産巣日」とも記す。万物を生成・発展させる霊妙な神霊。

『古事記』に書かれた始まりの神々

別天津神と神世七代

世界にはまず五柱の「別天津神《コトアマツカミ》」が現れ、その次の国之常立神《クニノトコタチノカミ》〜伊耶那岐神《イザナキノカミ》・伊耶那《イザナ》美神《ミノカミ》が現れた時代を「神世七代」としている。

五柱の別天津神《コトアマツカミ》	天御中主神《アメノミナカヌシノカミ》	天地世界の始まりに現れた宇宙の中央に鎮座する宇宙最高神。	造化三神《ゾウカサンシン》
	高御産巣日神《タカミムスヒノカミ》	神聖な生成の霊力を司る神。天孫降臨の際に、司令神となる。	
	神産巣日神《カムムスヒノカミ》	生命の復活と再生を司る。大国主命が八十神に殺されたとき助けた。	
	宇摩志阿斯訶備《ウマシアシカビ》比古遅神《ヒコジノカミ》	生成力の強さを、旺盛に伸びる葦の芽に象徴して神格化した神。	
	天之常立神《アメノトコタチノカミ》	天地が分かれて、天の礎が定まった状態を神格化した神。	

次々と生まれて消えた神世七代《かみよななよ》	国之常立神《クニノトコタチノカミ》	天之常立神《アメノトコタチノカミ》と対になる、大地を神格化した独神。	
	豊雲野神《トヨクモノノカミ》	豊穣な大地を神格化している。配偶神のない独神。	
	宇比地邇神《ウヒジニノカミ》 須比智邇神《スヒジニノカミ》	泥土を神格化し、植物の成長を保障する豊かな土地を示す。	男女二神が対偶神
	角杙神《ツノグヒノカミ》 活杙神《イクグヒノカミ》	生成・繁殖を司る神。「活杙《イクグヒ》」は、物の芽生えを意味している。	
	意富斗能地神《オオトノジノカミ》 大斗之弁神《オオトノベノカミ》	「斗《ト》」とは性器を表す。生命に具体的な形態を与える働きをする。	
	於母陀流神《オモダルノカミ》 阿夜訶志古泥神《アヤカシコネノカミ》	国土が整ったことを示し、愛の誘いを神格化した神。	
	伊耶那岐神《イザナキノカミ》 伊耶那美神《イザナミノカミ》	最後に登場する夫婦神。万物を生成する生成力を司る。	

下に行くほど、抽象的な神から男女の性や身体が整っていく

独神　男神　女神

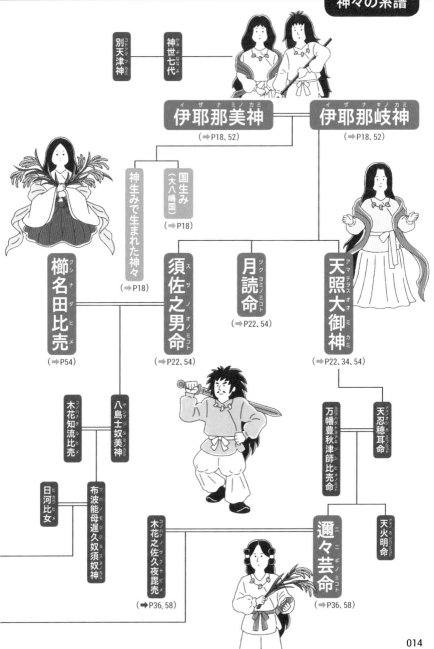

別天津神《コトアマツカミ》

神世七代《かみよななよ》

伊耶那美神《イザナミノカミ》

（➡P18、52）

伊耶那岐神《イザナキノカミ》

（➡P18、52）

国生み（大八嶋国）

（➡P18）

神生みで生まれた神々

（➡P18）

天照大御神《アマテラスオオミカミ》

（➡P22、34、54）

月読命《ツクヨミノミコト》

（➡P22、54）

須佐之男命《スサノオノミコト》

（➡P22、54）

櫛名田比売《クシナダヒメ》

（➡P54）

八島士奴美神《ヤシマジヌミノカミ》

木花知流比売《コノハナチルヒメ》

布波能母遅久奴須奴神《フハノモジクヌスヌノカミ》

日河比女《ヒカワヒメ》

天忍穂耳命《アメノオシホミミノミコト》

万幡豊秋津師比売命《ヨロズハタトヨアキツシヒメノミコト》

邇々芸命《ニニギノミコト》

（➡P36、58）

天火明命《アメノホアカリノミコト》

木花之佐久夜毘売《コノハナノサクヤビメ》

（➡P36, 58）

※神の名前は『古事記』の表記に基づく。

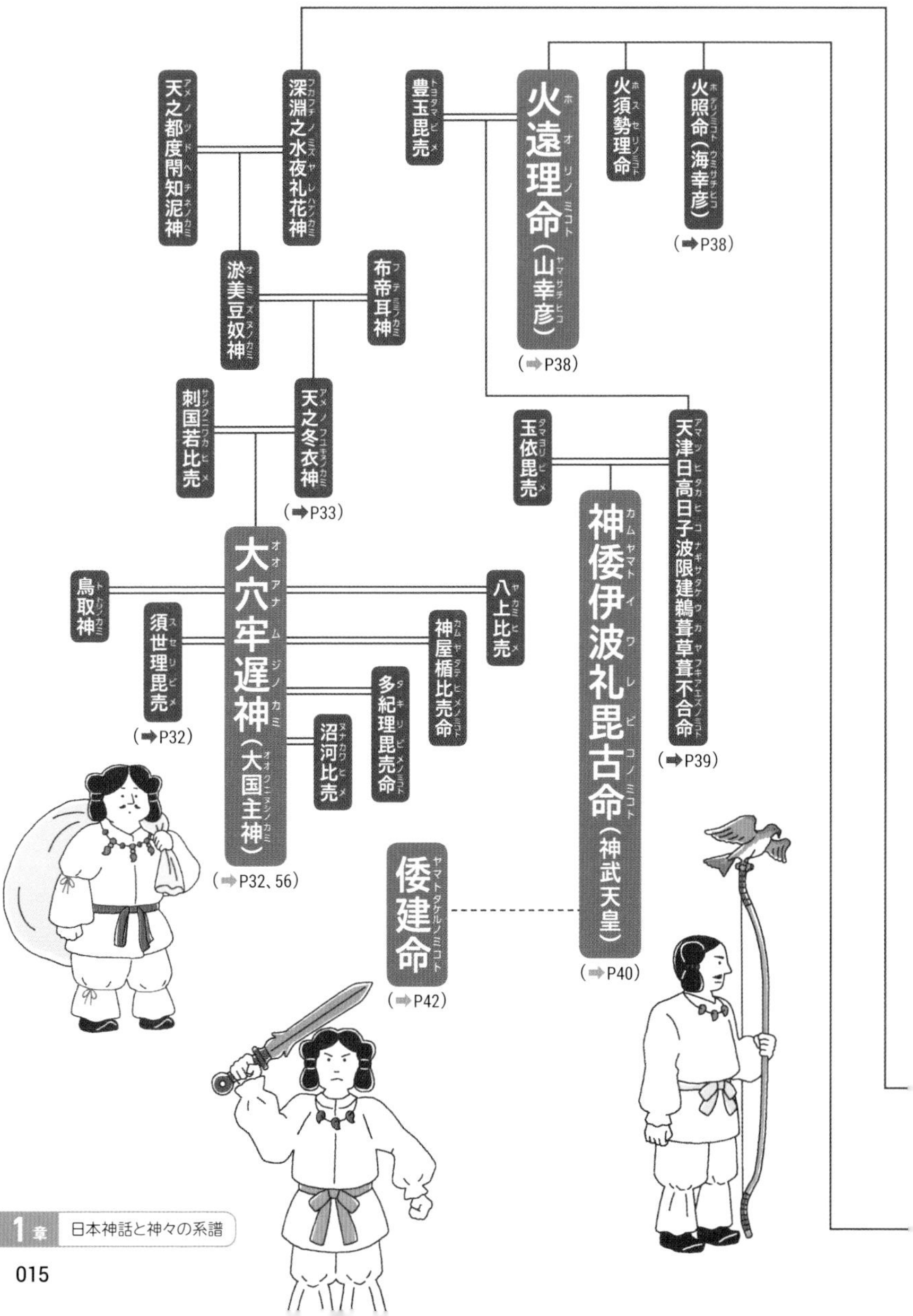

天之都度閇知泥神《アメノツドヘチネノカミ》
深淵之水夜礼花神《フカフチノミズヤレハナノカミ》
淤美豆奴神《オミズヌノカミ》
布帝耳神《フテミミノカミ》
刺国若比売《サシクニワカヒメ》
天之冬衣神《アメノフユキヌノカミ》
（➡P33）
大穴牟遅神《オオアナムジノカミ》（大国主神《オオクニヌシノカミ》）
（➡P32、56）
鳥取神《トトリノカミ》
須世理毘売《スセリビメ》
（➡P32）
八上比売《ヤカミヒメ》
神屋楯比売命《カムヤタテヒメノミコト》
多紀理毘売命《タキリビメノミコト》
沼河比売《ヌナカワヒメ》
豊玉毘売《トヨタマビメ》
火遠理命《ホオリノミコト》（山幸彦《ヤマサチヒコ》）
（➡P38）
火須勢理命《ホスセリノミコト》
火照命《ホデリノミコト》（海幸彦《ウミサチヒコ》）
（➡P38）
玉依毘売《タマヨリビメ》
天津日高日子波限建鵜葺草葺不合命《アマツヒタカヒコナギサタケウカヤフキアエズノミコト》
（➡P39）
神倭伊波礼毘古命《カムヤマトイワレビコノミコト》（神武天皇）
（➡P40）
倭建命《ヤマトタケルノミコト》
（➡P42）

Q 「八百万《やおよろず》の神」の〝八百万〟は何を意味する言葉?

800万 or たくさん or 八百屋さん

『古事記』や祝詞《のりと》、あるいは『常陸国風土記』などに「八百万の神」という言葉が出てきます。文献での初出は『古事記』の天岩屋《あまのいわや》神話とされ、そこには「八百万神、天《あめ》の安《やす》の河原に神集《かむつど》ひ集ひて」と書かれています。さて、この神話に登場する「八百万」という言葉は、現在では日常的には使われていませんが、何を表した言葉なのでしょうか?

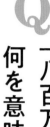

日本にはたくさんの神様がいます。江戸時代の国学者・本居宣長《もとおりのりなが》は、『古事記伝』の中で「神とは、古典に登場する天地の神々、神社に祀られる御霊《みたま》だけではなく、鳥獣木草など、世に優れて賢き徳があるものも神と呼んだ」と神を定義しました。**古来より日本では自然の精霊たちも「カミ」として崇拝してきた**のです。

自然の精霊とは、ミ（神・霊）、チ（霊）、タマ（魂・霊・魄）、モノ（物）、ケ（怪）、ヌシ（主）と呼ばれる存在のことです。例えば、奈良県の大《おお》神《みわ》神社に祀られる大物主神《オオモノヌシノカミ》。神名の「ヌシ（主）」は、山や河に古くから住んでいる霊力のある動物のことで、ここでは蛇をさしています。大神神社では、蛇は「巳《み》さん」と親しく呼ばれ、崇められています。このように、古来より崇拝されたたくさんの精霊たちが「八百万の神」に取り込まれ、記紀《きき》の神々と共存してきました。

そして、**本居宣長は『古事記伝』で「八百万は、数の多き至極を云り」と述べています。**つまり、八百万は数多くの神々の存在を総称したもので、実際の数を表すものではありません。つまり、正解は「たくさん」です。

古くから崇拝された自然の精霊

自然の精霊は「カミ」として崇拝されたが、名称の中にその名残を留めている。

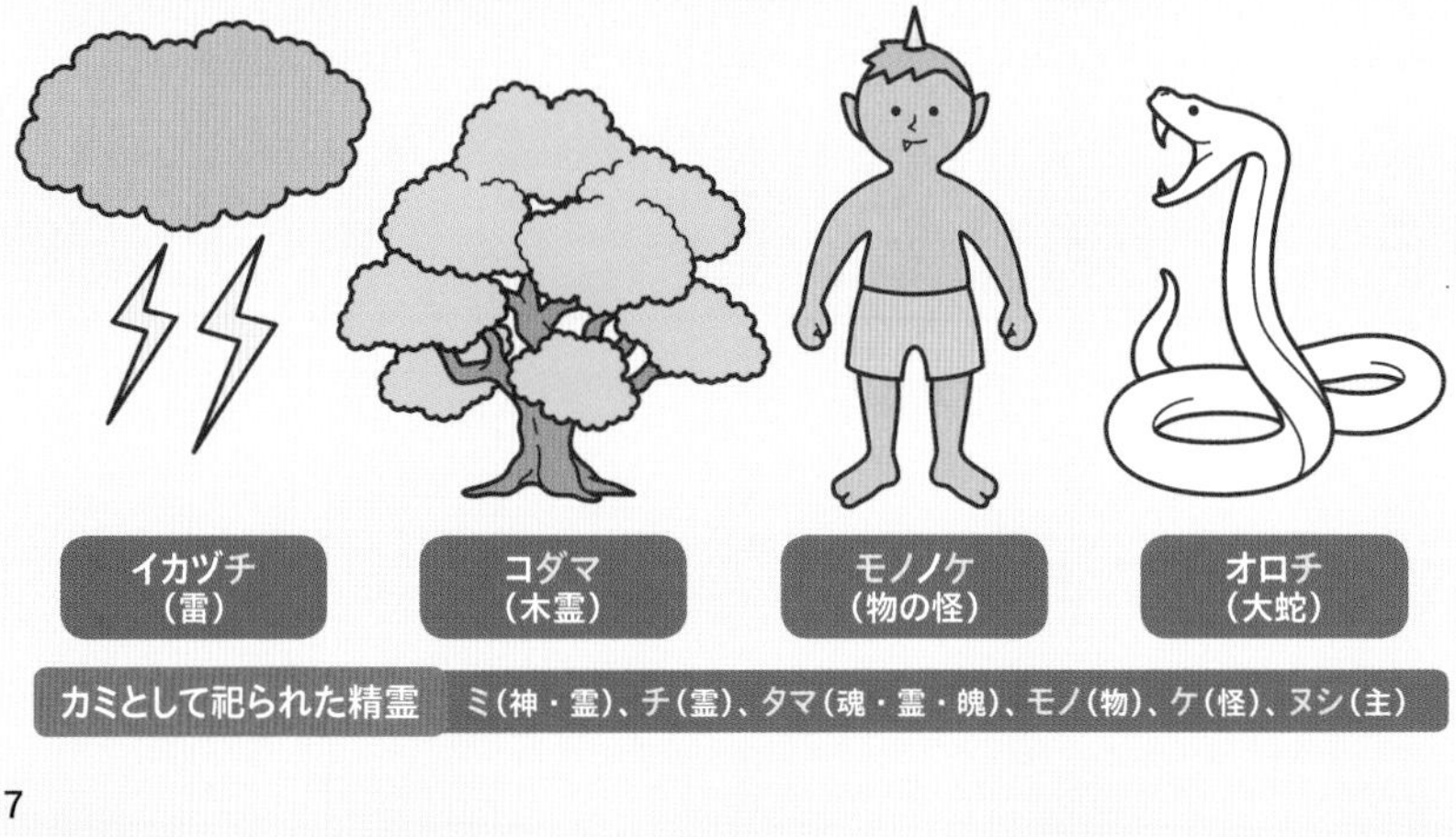

カミとして祀られた精霊　ミ（神・霊）、チ（霊）、タマ（魂・霊・魄）、モノ（物）、ケ（怪）、ヌシ（主）

03 国生みと神生みの神話

男女の交わりで日本列島が生まれる

伊耶那岐神《イザナキノカミ》と**伊耶那美神《イザナミノカミ》**は、*天津神《アマツカミ》から漂う国土を固めるよう委任されます。二神は天浮橋《あめのうきはし》という天空に浮かんだ橋の上に立ち、天沼矛《あめのぬぼこ》を海水に入れてかき混ぜます。すると、**矛の先から落ちた潮《しお》が固まり、*淤能碁呂島《おのごろしま》**ができました。

二神はこの島に天降《あまくだ》り、そこに天《あま》の御柱《みはしら》（神聖な柱）を建て、それを八尋殿《やひろどの》（大きな御殿）に見たてて、そこで結婚して国を生もうと考えました。

そのとき、二神は天の御柱を回り、二神が出会ったところで伊耶那美神《イザナミノカミ》が先に声をかけ、次に伊耶《イザ》那岐神《ナキノカミ》が声をかけて、契りを交わしました。

ところが、生まれたのは形を成さない**水蛭子神《ヒルコノカミ》**〔⬇P52〕だったので、二神は*葦の船に入れて流してしまいます。「女が先に声をかけるのはよくない」という天津神《アマツカミ》のおおせにより、今度は男のほうから先に声をかけたところ、成功しました。

こうして最初に淡道之穂之狭別島《あわじのほのさわけしま》（淡路島）が生まれ、次に四国・隠岐島《おきのしま》・九州・壱岐島《いきしま》・対馬《つしま》・佐渡島《さどのしま》・本州が生まれました（**大八嶋国《おおやしまくに》**）。さらに6つの島が生まれ、**国生み＝日本列島の誕生**となりました〔図1〕。

二神は国生みを終えると**神生み**を始め、三十五柱の神々を生みます〔図2〕。最後に火の神である迦具土神《カグツチノカミ》を生み落としたとき、伊耶那美神《イザナミノカミ》は女陰《ほと》を焼かれ、大やけどを負ってしまいます。これが致命傷となり、伊耶那美神《イザナミノカミ》は死者が住む黄泉国《よみのくに》へと旅立っていったのです。

＊**天津神**：高天原に現れた神々のこと。
＊**淤能碁呂島**：日本最初の島。淡路島沖に浮かぶ島と思われるが、後に日本の国の名とされた。
＊**葦の船**：葦には、邪霊を祓う呪力があると考えられていた。

二神による国生みと神生み

国生みで生まれた国〔図1〕

国生みでは八つの島（大八嶋国）が生まれ、日本列島が誕生した。

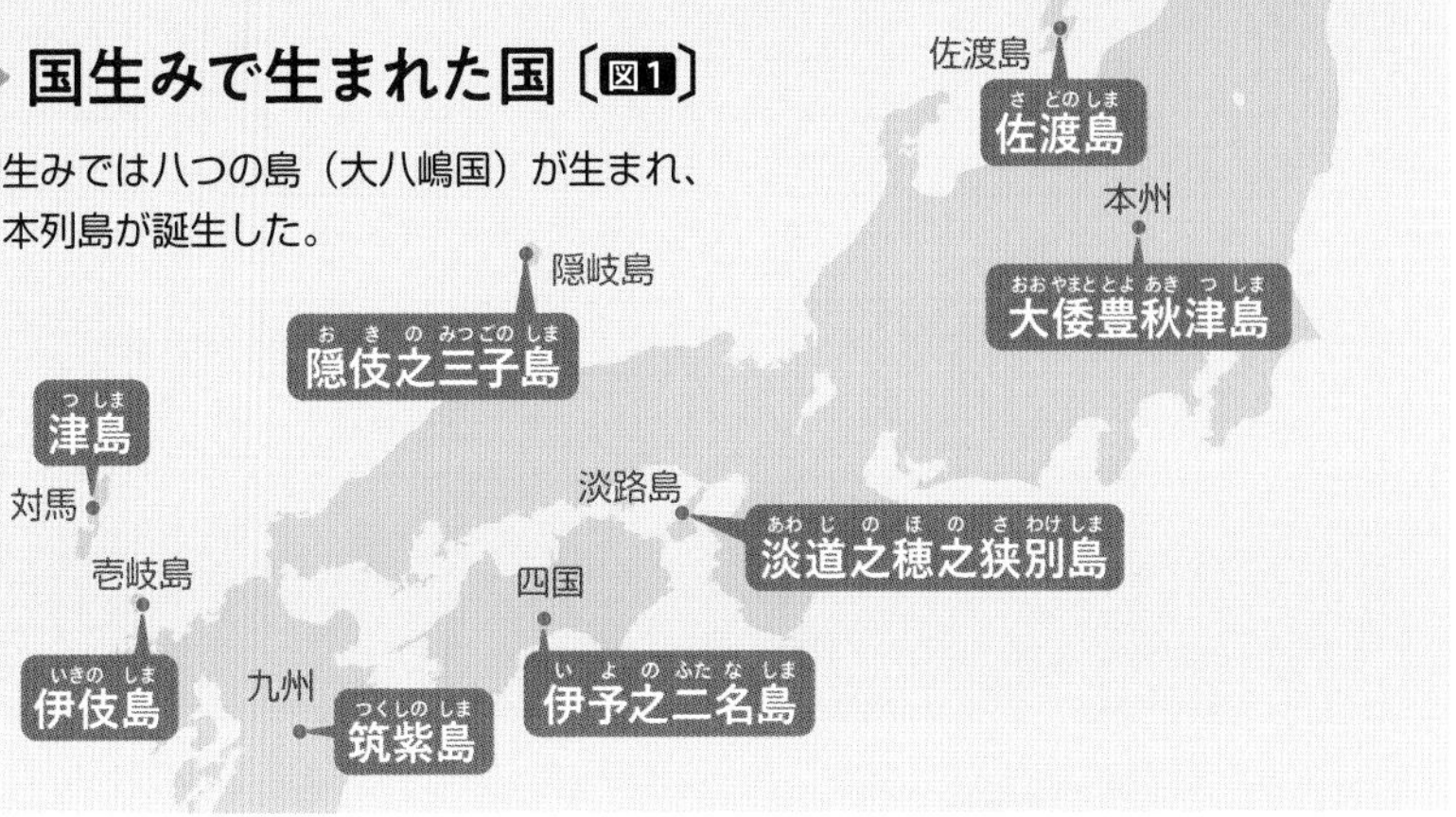

神生みで生まれた神々〔図2〕

伊耶那岐神《イザナキノカミ》と伊耶那美神《イザナミノカミ》は天沼矛で最初の島・淤能碁呂島を作り、国生みと神生みを行った。

伊耶那岐神《イザナキノカミ》と伊耶那美神《イザナミノカミ》
- 大事忍男神《オオコトオシオノカミ》
- 石土毘古神《イワツチビコノカミ》
- 石巣比売神《イワスヒメノカミ》
- 大戸日別神《オオトヒワケノカミ》
- 天之吹男神《アメノフキオノカミ》
- 大屋毘古神《オオヤビコノカミ》
- 風木津別之忍男神《カザモツワケノオシオノカミ》
- 大綿津見神《オオワタツミノカミ》（海神）
- 速秋津日子神《ハヤアキツヒコノカミ》（水戸《みなと》の神）
- 速秋津比売神《ハヤアキツヒメノカミ》
- 志那都比古神《シナツヒコノカミ》（風の神）
- 久久能智神《ククノチノカミ》（木の神）
- 大山津見神《オオヤマツミノカミ》（山の神）
- 鹿屋野比売神《カヤノヒメノカミ》（野の神）
- 鳥之石楠船神《トリノイワクスブネノカミ》（船の神）
- 大宜都比売神《オオゲツヒメノカミ》（食物の神）
- 火之迦具土神《ヒノカグツチノカミ》（火の神）

『古事記』では三十五柱の神が生まれたとあるが、実際は十七柱の神名しか記されていない。

04

死者の国まで妻を追う？

伊邪那岐神《イザナキノカミ》と黄泉国《よみのくに》

黄泉国での壮絶な夫婦神の別れ

伊耶那岐神《イザナキノカミ》は、妻の伊耶那美神《イザナミノカミ》を死に至らしめた火の神・迦具土神《カグツチノカミ》〔➡P52〕を斬殺。そして、**伊耶那美神《イザナミノカミ》のいる黄泉国を訪ね、妻に帰ってくるよう懇願します**。しかし伊耶那美神《イザナミノカミ》は、黄泉国の食べ物を口にしてしまったので、黄泉国から帰れないといいます。さらに、伊耶那美神《イザナミノカミ》の「私を見ないで」という約束を破り、伊耶那岐神《イザナキノカミ》がのぞいて見ると、そこには**醜く腐乱した世にも恐ろしい伊耶那美神《イザナミノカミ》の姿**がありました。

仰天した伊耶那岐神《イザナキノカミ》は逃げ出し、一方、伊耶那美神《イザナミノカミ》は激怒して追っ手を差し向けます。必死に逃げる伊耶那岐神《イザナキノカミ》は、*桃の実を追手に投げつけます。この桃の呪力により追手は追跡を断念しますが、ついには伊耶那美神《イザナミノカミ》本人が追いかけて来ます。

そこで伊耶那岐神《イザナキノカミ》は、*黄泉津比良坂《よもつひらさか》にある黄泉国の入口を千引岩《ちびきのいわ》でふさぎました。岩を挟んで伊耶那美神《イザナミノカミ》と対峙した伊耶那岐神《イザナキノカミ》が離縁を告げると、伊耶那美神《イザナミノカミ》はこう言いました。

「愛しい夫よ。私と別れるなら、私はあなたの国の民を一日に千人絞め殺そう」

対して、伊耶那岐神《イザナキノカミ》は「愛しい妻よ。では私は一日に千五百人の子を生ませよう」と答えました。これは、**一日に千人が死に、千五百人が生まれることとなったという生と死の神話**です。

夫と離別した後、伊耶那美神《イザナミノカミ》は死を司る黄泉津大神《ヨモツオオカミ》となり、伊耶那岐神《イザナキノカミ》は生を司る地上の大神となりました。

＊桃の実：中国では、桃は邪気を祓い、不老長寿を与える霊力を持つと信じられてきた。
＊黄泉津比良坂：島根県八束郡東出雲町には、黄泉津比良坂と呼ばれる場所が残っている。
＊予母都志許売：黄泉国の醜女という意味。追っ手として伊邪那岐神を追いかけてきた。

二神はそれぞれ生と死を司る神となる

伊耶那岐神の黄泉国訪問

伊耶那岐神《イザナキノカミ》は死んだ伊耶那美神《イザナミノカミ》を追って黄泉国を訪れた。

1 伊耶那岐神《イザナキノカミ》は迦具土神《カグツチノカミ》を殺して黄泉国に向かう。変わり果てた妻の伊耶那美神《イザナミノカミ》を見た伊《イ》耶那岐神《ザナキノカミ》は恐れをなして逃げ出す。

2 伊耶那岐神《イザナキノカミ》が追っ手の予母都《*ヨモツ》志許売《シコメ》に、髪飾りを投げると山ぶどうが生えて足止めした。さらに櫛を投げると竹の子になって足止めした。

3 さらに追っ手として雷神と黄泉国の軍隊が追ってきたため、伊耶那岐神《イザナキノカミ》は黄泉津比良坂で桃の実を投げて撃退した。

4 伊耶那岐神《イザナキノカミ》は、千引岩で黄泉国の入口をふさぎ、妻と永遠の決別をする。

05 三貴子《さんきし》の誕生

尊い神々の誕生とは？

禊によって尊い神様が生まれる

黄泉国《よみのくに》から逃げ帰った伊耶那岐神《イザナキノカミ》は、＊筑紫《つくし》の日向《ひむか》の阿波岐原《あわきはら》にある小さな入り江で禊《みそぎ》をして、**黄泉国で穢《けが》れた身体を清めようとします。**

伊耶那岐神《イザナキノカミ》が禊をするため、身に着けていた杖や帯、嚢《ふくろ》、衣類、冠、腕輪などを投げ捨てると、そこからさまざまな神々が生まれました。道の神、流行病の神、災厄の神、わかれ道の神、食物の神、水の神、漁業の神など、**十二柱《じゅうにばしら》の神々が次々に生まれた**のです。

次に、伊耶那岐神《イザナキノカミ》が垢《あか》を流すと、災いをもたらす二柱の**禍津日神《マガツヒノカミ》**が生まれ、ついで、黄泉国の穢れを流すと**三柱の神々**が生まれました。

さらに、水の底、水の中ほど、水の上で身をすすいだときにも合わせて六柱の神々が生まれました。この神々は、＊**住吉三神《スミヨシサンシン》と綿津見三神《ワタツミサンシン》**という海に関連する神でした。

禊で最後に生んだのは、日本の神話における尊くて重要な三貴子です。伊耶那岐神《イザナキノカミ》が左の目を洗うと**天照大御神《アマテラスオオミカミ》**が生まれ、右の目を洗うと**月読命《ツクヨミノミコト》**が、鼻を洗うと**須佐之男命《スサノオノミコト》**が生まれました。天照《アマテラス》大御神《オオミカミ》とは太陽のように光り輝く最高神で、月読《ツクヨミノ》命《ミコト》は満月のような美しい神、須佐之男命《スサノオノミコト》は荒れすさぶエネルギッシュな神です。

伊耶那岐神《イザナキノカミ》は、天照大御神《アマテラスオオミカミ》には高天原《たかまのはら》を、月読《ツクヨミノ》命《ミコト》には夜の国を、須佐之男命《スサノオノミコト》には海原を治めるように委任します。この**三貴子の誕生を契機に、記《き》紀《き》神話の世界は大きく動き始めます。**

＊筑紫の日向の阿波岐原：伊耶那岐神が禊をした場所は宮崎県の江田神社のあたりだと伝わるが、定かではない。
＊住吉三神：住吉大社（大阪府）に祀られる神。航海を守護する海の神として有名。

禊の最後に生まれた三貴子

伊耶那岐神《イザナキノカミ》の禊から神が生まれる

伊耶那岐神《イザナキノカミ》の脱ぎ捨てた衣類などから十二柱の神が生まれた。水につかると垢や穢れから十一柱の神が生まれ、顔を洗うと三貴子が生まれた。

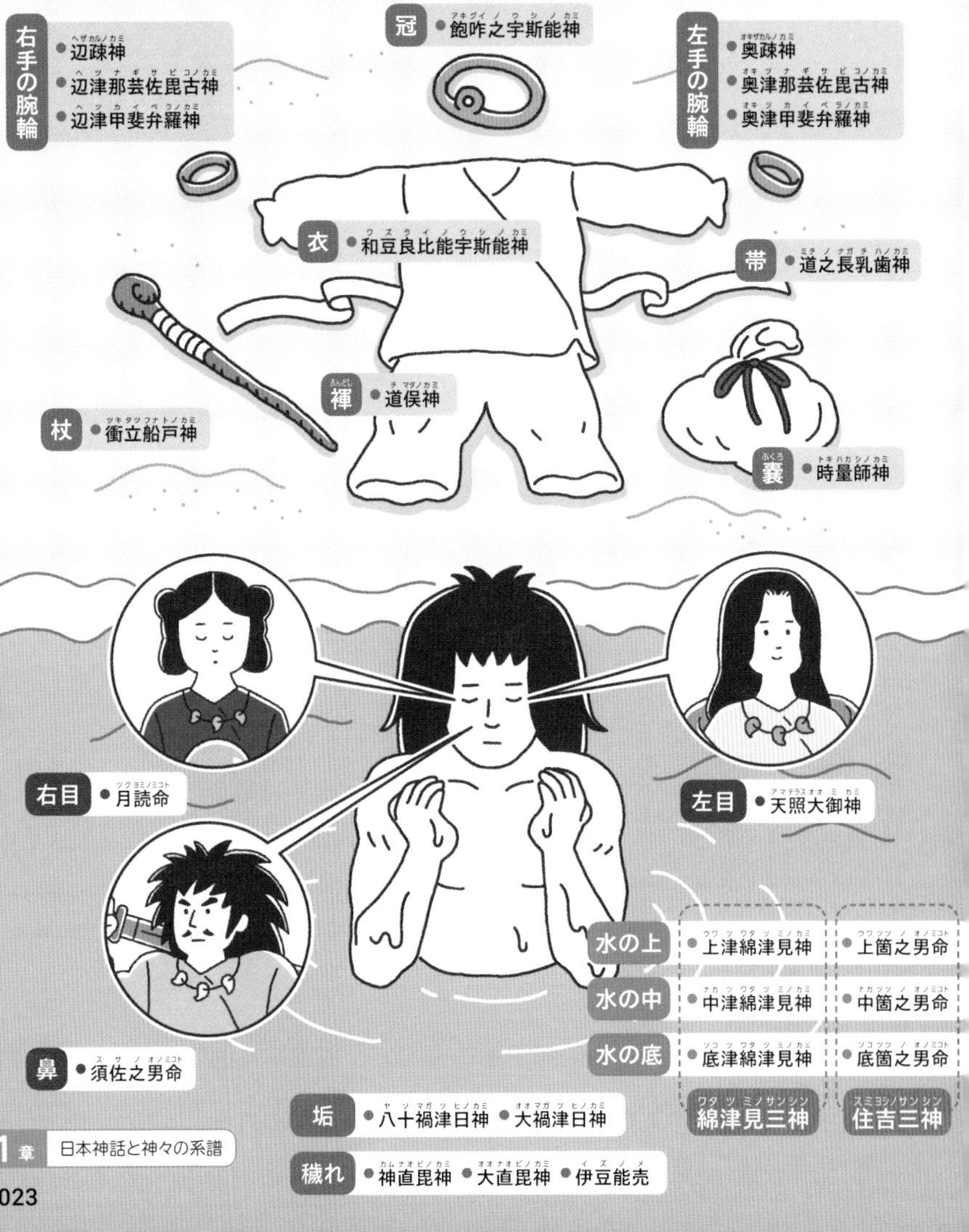

06

誓約《うけい》で生まれた神々

次々と神が生まれる？

須佐之男命《スサノオノミコト》が荒れ狂い姉を困らせる

伊耶那岐神《イザナキノカミ》は末子の須佐之男命《スサノオノミコト》に海原の統治を委任します。ですが須佐之男命《スサノオノミコト》は成人しても泣きわめいてばかりでした。**須佐之男命《スサノオノミコト》は、亡き母のいる妣《はは》の国である根《ね》の堅州国《かたすくに》*に行きたくて泣いている**といいます。これを聞いた伊耶那岐神《イザナキノカミ》は激怒し、須佐之男命《スサノオノミコト》を神々の世界から追放します。

そこで、須佐之男命《スサノオノミコト》は、姉の天照大御神《アマテラスオオミカミ》に別れを告げるため高天原《たかまのはら》に上ります。その様子があまりに荒々しく、高天原全体が鳴動するほどだったので、天照大御神《アマテラスオオミカミ》は、須佐之男命《スサノオノミコト》が高天原を奪いに来たに違いないと思いこみます。

姉に別れを告げにきた須佐之男命《スサノオノミコト》でしたが、天照大御神《アマテラスオオミカミ》には信用されません。そこで須佐之男命《スサノオノミコト》は、**自らの潔白を証明するために誓約*を提案。**天照大御神《アマテラスオオミカミ》とそれぞれの持ち物を交換して神生みを行い、神意を占うというものでした。

誓約の結果、**須佐之男命《スサノオノミコト》の十拳剣《とつかのつるぎ》から三柱《みはしら》*の女神**が生まれ、**天照大御神《アマテラスオオミカミ》の勾玉《まがたま》から五柱の男神**が生まれました。須佐之男命《スサノオノミコト》は、自身の心が清いから自分の剣から女神が生まれたのだと主張し、一方的に勝利宣言をします。

その後、須佐之男命《スサノオノミコト》は高天原で乱暴狼藉の限りを尽くします。ある日、須佐之男命《スサノオノミコト》が皮を剥いだ馬を機織《はたおり》小屋に投げ込み、中の機織女《はたおりめ》が驚いて転んだ拍子に、尖った機具に刺さって亡くなります。それを聞いた**天照大御神《アマテラスオオミカミ》は天岩屋《あまのいわや》にこもり、戸を固く閉ざしてしまいました。**

＊**根の堅州国**：現世とは別にあると考えられた世界。黄泉国と同様に死者の国とされた。
＊**誓約**：神に誓いを立てて、神意として示された現象からことの善悪を判断する言葉による呪術。
＊**三柱の女神**：この三女神は天照大御神の御子神で、宗像大社の祭神。

神意の占いからも神々が生まれた

誓約で生まれた神々

1 天照大御神《アマテラスオオミカミ》に自分の本心を疑われた須佐之男《スサノオノ》命《ミコト》は、身の潔白を証明するために「誓約」を提案する。

2 天照大御神《アマテラスオオミカミ》は、須佐之男命《スサノオノミコト》の十拳剣から三柱の女神を生んだ。

宗像《むなかた》三女神
- 多紀理毘売命《タキリビメノミコト》
- 市寸島比売命《イチキシマヒメノミコト》
- 多岐都比売命《タキツヒメノミコト》

3 須佐之男命《スサノオノミコト》は、天照大御《アマテラスオオミ》神《カミ》の勾玉から五柱の男神を生んだ。

五柱の男神
- 天之忍穂耳命《アメノオシホミミノミコト》
- 天之菩卑能命《アメノホヒノミコト》
- 天津日子根命《アマツヒコネノミコト》
- 活津日子根命《イクツヒコネノミコト》
- 熊野久須毘命《クマノクスビノミコト》

4 須佐之男命《スサノオノミコト》は、自分の剣から女神を生むことができたのは心が清いからだと誓約の勝利を宣言する。

07

天《あまの》岩《いわ》屋《や》神話

太陽神が引きこもり？

思金神《オモイカネノカミ》が策を講じる

太陽のような天照大御神《アマテラスオオミカミ》が天岩屋にこもると、高天原《たかまのはら》と葦原中国《あしはらのなかつくに》（地上の世界）には永遠の夜が訪れました。八百万の神々は＊天安河原《あめのやすのかわら》に集まり、**天照大御神《アマテラスオオミカミ》を呼び戻す策を思金神《オモイカネノカミ》に考えさせて実行しました。**

まず、暁を告げる長鳴鳥《ながなきどり》を集めて天岩屋の前で鳴かせ、神々が分担して鏡や勾玉《まがたま》を作ります。次に、榊《さかき》を天岩屋の前に立てて、その枝に勾玉と鏡、白と青の＊和幣《にぎて》をさげて、これを**布刀玉命《フトタマノミコト》**が神への供え物として捧げ持ちます。また**天児屋命《アメノコヤネノミコト》**が尊い＊祝詞《のりと》を唱え、**天手力男神《アメノタヂカラオノカミ》**が岩屋の入口の脇に隠れました。

次に**天宇受売命《アメノウズメノミコト》**は、神がかり状態になって踊り狂います。乳房や女陰《ほと》をあらわにして踊る姿を見て、集まった神々は笑い転げ、その声は高天原を揺るがすほどになりました。

騒ぎを不思議に思った天照大御神《アマテラスオオミカミ》は、天岩屋の戸を薄めに開き、何が起きているのか尋ねます。天宇受売命《アメノウズメノミコト》は「あなた様よりも貴い神がいらっしゃるので、皆喜んでいるのです」と答えました。

その間に、布刀玉命《フトタマノミコト》が鏡を差し出します。天照大御神《アマテラスオオミカミ》がその鏡をのぞきこんだとき、**天手力男神《アメノタヂカラオノカミ》が天照大御神《アマテラスオオミカミ》の手を取り、外へ引き出します。**そこに布刀玉命《フトタマノミコト》が後ろに注連縄《しめなわ》を引き渡し、再び内へ戻れないようにしました。こうして天照大御神《アマテラスオオミカミ》が岩屋から出ると、高天原も葦原中国も自然と照り輝き、明るくなりました。

＊**天安河原**：八百万の神々が相談したとされる伝承地が宮崎県西臼杵郡高千穂町にある。
＊**和幣**：榊の枝に掛けて、神に捧げる麻や楮で織った白い布。
＊**祝詞**：感謝や崇敬の意思を神に示すため、神の前で唱える古い言葉。

天岩屋の前で活躍した神々

天照大御神《アマテラスオオミカミ》が天岩屋にこもったために、世界中が闇に覆われた。思金神《オモイカネノカミ》の発案で、岩屋から天照大御神《アマテラスオオミカミ》を引っ張り出すことに成功する。

1	思金神《オモイカネノカミ》	天照大御神《アマテラスオオミカミ》を外に出す策を講じ、常世の長鳴鳥を鳴かせる。
2	布刀玉命《フトタマノミコト》	御幣《ごへい》を捧げ持つ（祭祀具を作る忌部《いんべ》氏の祖神となる）。
3	天児屋命《アメノコヤネノミコト》	祝詞を唱える（朝廷の神事と祭事を司る中臣《なかとみ》氏の祖神となる）。
4	天手力男神《アメノタヂカラオノカミ》	岩屋の脇に隠れて、天照大御神《アマテラスオオミカミ》を引き出す。
5	天宇受売命《アメノウズメノミコト》	神楽《かぐら》を舞う（猿女君《さるめのきみ》の祖。猿女は鎮魂祭などで神楽の舞を奉仕した）。
6	伊斯許理度売命《イシコリドメノミコト》	榊に飾る鏡を作った（➡P44）。
7	玉祖命《タマノオヤノミコト》	榊に飾る勾玉を製作（玉造《たまつくり》氏の祖となる）（➡P44）。

天岩屋で活躍した神々は、のちに天孫降臨《てんそんこうりん》の際に邇々芸命《ニニギノミコト》に従って地上に降りた。そして祭祀一族の祖となった。例えば天児屋命《アメノコヤネノミコト》は、大化の改新で活躍する藤原鎌足の一族、すなわち中臣氏の祖神だ。

Q 神楽《かぐら》で笹の葉を持って舞うのはどうして？

農業の豊穣を願うため or 笹の葉には神様が宿るから or 踊りを華やかに見せるため

神社では、神様に奉納する神事芸能「神楽」が行われています。神楽を舞う人は、必ず「採《と》り物」と呼ばれる笹や鈴、御幣《ごへい》、扇、剣などを持って踊ります。『古事記』の天《あまの》岩屋《いわや》神話（➡P26）でも、天《アメノ》宇受売命《ウズメノミコト》が「笹の葉」を持って神がかりに歌い踊ったといいます。さて、神楽において、笹の葉などを持って踊るのはなぜでしょうか？

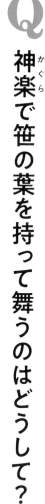

神楽の種類

御神楽

御神楽は、古くは内侍所御神楽と呼ばれ、皇居内の内侍所（天照大御神《アマテラスオオミカミ》を祀る賢所）の前庭に篝火《かがりび》を焚いて行った。

里神楽

里神楽は、山伏や神職が中心に行ってきたもの。巫女神楽・出雲神楽・霜月神楽・獅子神楽などが代表的。

神楽殿巫女神楽のひとつ、鶴岡八幡宮《つるがおかはちまんぐう》の八乙女舞。
（写真提供／鶴岡八幡宮）

「神楽」は、天宇受売命《アメノウズメノミコト》が天岩屋の前で神がかりの歌舞を行ったことが起源となっています。

平安時代初期の『古語拾遺《こごしゅうい》』には、天宇受売命《アメノウズメノミコト》の子孫・猿《さる》**女君《めのきみ》が宮中で行った鎮魂儀《ちんこんのぎ》を「神楽」**と記しています。神楽は、鎮魂、魂振《たまふり》に伴う「神遊び」とも呼ばれました。

神楽で用いられる笹などの「採り物」は、単なる舞踊の装飾品ではなく、**神が一時的に宿る「依代《よりしろ》」になる**と考えられています。

神楽の語源は「かみくら（神座）」とされます。「神の宿るところ」を意味する言葉で、これは依代である採り物と、それを持つ舞人《まいびと》を指す言葉ともいえます。つまり、答えは「笹の葉には神様が宿るから」です。ちなみに、天宇受売命《アメノウズメノミコト》の「宇受売」はかんざしを意味します。かんざし、櫛《くし》などは神霊の依代とされ、この神**名そのものにも「神がかった巫女」という意味が隠されているとされます。**

神楽は現在も全国で行われています。大きく宮中で行われる「御神楽《みかぐら》」と、民間で山伏や神職を中心に行われた「里《さと》神楽《かぐら》」に分けられます。また、各地の神社でも神楽が行われています。

08

英雄伝説の始まり？

須佐之男命《スサノオノミコト》とオロチ退治

オロチを退治し、絶世の美女と結婚

高天原《たかまのはら》から追放された須佐之男命《スサノオノミコト》は、出雲国《いずものくに》の＊肥河《ひのかわ》の地に降ります。須佐之男命《スサノオノミコト》は、＊国津神《クニツカミ》の足名椎《アシナヅチ》と手名椎《テナヅチ》という老夫婦が、**櫛名田比売《クシナダヒメ》**という美しい娘を間において泣いているところに出会います。須佐之男命《スサノオノミコト》が泣くわけを聞くと、「私の娘はもともと八人いたが、毎年、高志《こし》の**ヤマタノオロチ**がやってきて食べてしまった。いま、そのオロチがやって来るときです。だから、泣いているのです」といいます。

須佐之男命《スサノオノミコト》は櫛名田比売《クシナダヒメ》を妻としたいことを申し入れ、足名椎《アシナヅチ》と手名椎《テナヅチ》は承諾。その代わりに**オロチを退治することを約束**します。須佐之男命《スサノオノミコト》は、自分で櫛名田比売《クシナダヒメ》を神聖な櫛《くし》に変え、足名椎《アシナヅチ》と手《テ》名椎《ナヅチ》に、「垣根をめぐらし、そこに八つの入口を作り、それぞれの入口に、強い酒を満たした器を置くように」と指示しました〔図1〕。

そして足名椎《アシナヅチ》のいうとおりオロチがやって来ます。オロチは用意した酒を飲み、酔って寝込みます。そこを須佐之男命《スサノオノミコト》が十拳剣《とつかのつるぎ》で切り裂き、肥河は血の川となりました〔図2〕。中ほどの尾を斬ったとき、奇異な太刀《たち》が現れたので、それを須佐之《スサノ》男命《オノミコト》は天照大御神《アマテラスオオミカミ》に献上しました。この太刀は、後に三種の神器〔➡P44〕のひとつとして知られる草薙神剣《くさなぎのつるぎ》〔➡P42〕となります。

須佐之男命《スサノオノミコト》はオロチ退治で英雄となります。後に櫛名田比売《クシナダヒメ》を娶《めと》って＊須賀宮《すがのみや》を建て、子どもをもうけました。

＊肥河：現在の斐伊川《ひいかわ》のこと。宍道湖《しんじこ》に流れ込んでいる。
＊国津神：その土地にもともとおられる神々のこと。これに対し高天原におられる神々を天津神という。
＊須賀宮：須佐之男命《スサノオノミコト》が「私の心はすがすがしい」といったので、その地を「須賀」と名づけた。

須佐之男命《スサノオノミコト》はオロチ退治で英雄に

須佐之男命《スサノオノミコト》のヤマタノオロチ退治〔図1〕

足名椎《アシナヅチ》と手名椎《テナヅチ》に強い酒を用意させて、ヤマタノオロチを酔わせた。オロチを切り裂くと尾の中から草薙神剣が現れた。

ヤマタノオロチのイメージになった川〔図2〕

島根県を流れる斐伊川は、古来から氾濫を繰り返した。川の流域は製鉄の産地で、時に鉄分が川に流れて山肌や川が赤くなり、曲がりくねって流れる斐伊川の様子がヤマタノオロチのイメージにつながったとされる。

▲島根県石見地方に伝わる石見神楽とヤマタノオロチ
（写真提供／島根県浜田市役所）

09

国作りは苦難の連続？

大国主神《オオクニヌシノカミ》の試練

須佐之男命《スサノオノミコト》から試練を課される

須佐之男命《スサノオノミコト》の6代目の孫である**大穴牟遅神《オオアナムジノカミ》**（のちの大国主神《オオクニヌシノカミ》）には、八十神《ヤソガミ》と呼ばれるほど多くの兄弟たちがいました。ある日、因幡国《いなばのくに》の八上比売《ヤガミヒメ》に求婚するため、兄弟たちは揃って出かけます。

一行が気多《けた》*の岬に着くと、**ワニに皮を剥がされた兎《うさぎ》**がいました。大穴牟遅神《オオアナムジノカミ》は兎に治療法を教えます。すると兎は、「**あなたこそが八上比売《ヤガミヒメ》を得るでしょう**」と予言します。

兎の予言どおり、八上比売《ヤガミヒメ》は大穴牟遅神《オオアナムジノカミ》との結婚を望みました。すると兄弟たちは嫉妬のあまり、大穴牟遅神《オオアナムジノカミ》を殺そうとし、あらゆる手を尽くします。そのたびに、母神は神産巣日神《カムムスビノカミ》*に助けを求めて大穴牟遅神《オオアナムジノカミ》を蘇生させました。このままでは兄弟たちに殺されてしまうと考えた母神は、大穴牟遅神《オオアナムジノカミ》に**須佐之男命《スサノオノミコト》の住む地底の根《ね》の堅州国《かたすくに》**に行くことを勧めました。

その国に着いた大穴牟遅神《オオアナムジノカミ》は、須佐之男命《スサノオノミコト》の娘・**須世理毘売《スセリビメ》**と恋に落ちます。須佐之男命《スサノオノミコト》は大穴牟遅神《オオアナムジノカミ》を家に招き、試練を与えます。最後の試練も須世理毘売《スセリビメ》の機転で乗り越えた大穴牟遅神《オオアナムジノカミ》は、眠っている須佐之男命《スサノオノミコト》の髪を椽《たるき》に結び付け、須世理毘売《スセリビメ》を背負って逃げました。

須佐之男命《スサノオノミコト》は、逃げてゆく大穴牟遅神《オオアナムジノカミ》に向かって「**須世理毘売《スセリビメ》を正妻とし、大国主神《オオクニヌシノカミ》となり、葦《あし》*原中国《はらのなかつくに》を支配するがよい**」と言いました。その後、大国主神《オオクニヌシノカミ》は兄弟らを追放し、葦原中国を統治して国作りに着手しました。

＊気多の岬：鳥取県鳥取市の白兎海岸に気多岬という地名がある。
＊神産巣日神：天地の始まりで3番目に成ったエネルギッシュな神。
＊葦原中国：人々が住む地上の世界のこと。

須佐之男命《スサノオノミコト》が大穴牟遅神《オオアナムジノカミ》に試練を与える

大国主神となるまで

大穴牟遅神《オオアナムジノカミ》は須佐之男命《スサノオノミコト》の試練を乗り越え、大国主神《オオクニヌシノカミ》と名乗ることに。

1 大穴牟遅神《オオアナムジノカミ》（大国主神《オオクニヌシノカミ》）は、因幡の浜で兎を助ける。

2 八上比売《ヤガミヒメ》が大穴牟遅神《オオアナムジノカミ》との結婚を望んだため、兄・八十神《ヤソガミ》たちの嫉妬を買い、命を狙われる。

3 母神の勧めで、根の堅州国に逃げる。

4 須佐之男命《スサノオノミコト》に与えられた試練をくぐりぬける。

5 大国主神《オオクニヌシノカミ》となって葦原中国の支配者となる。

大国主神の系譜

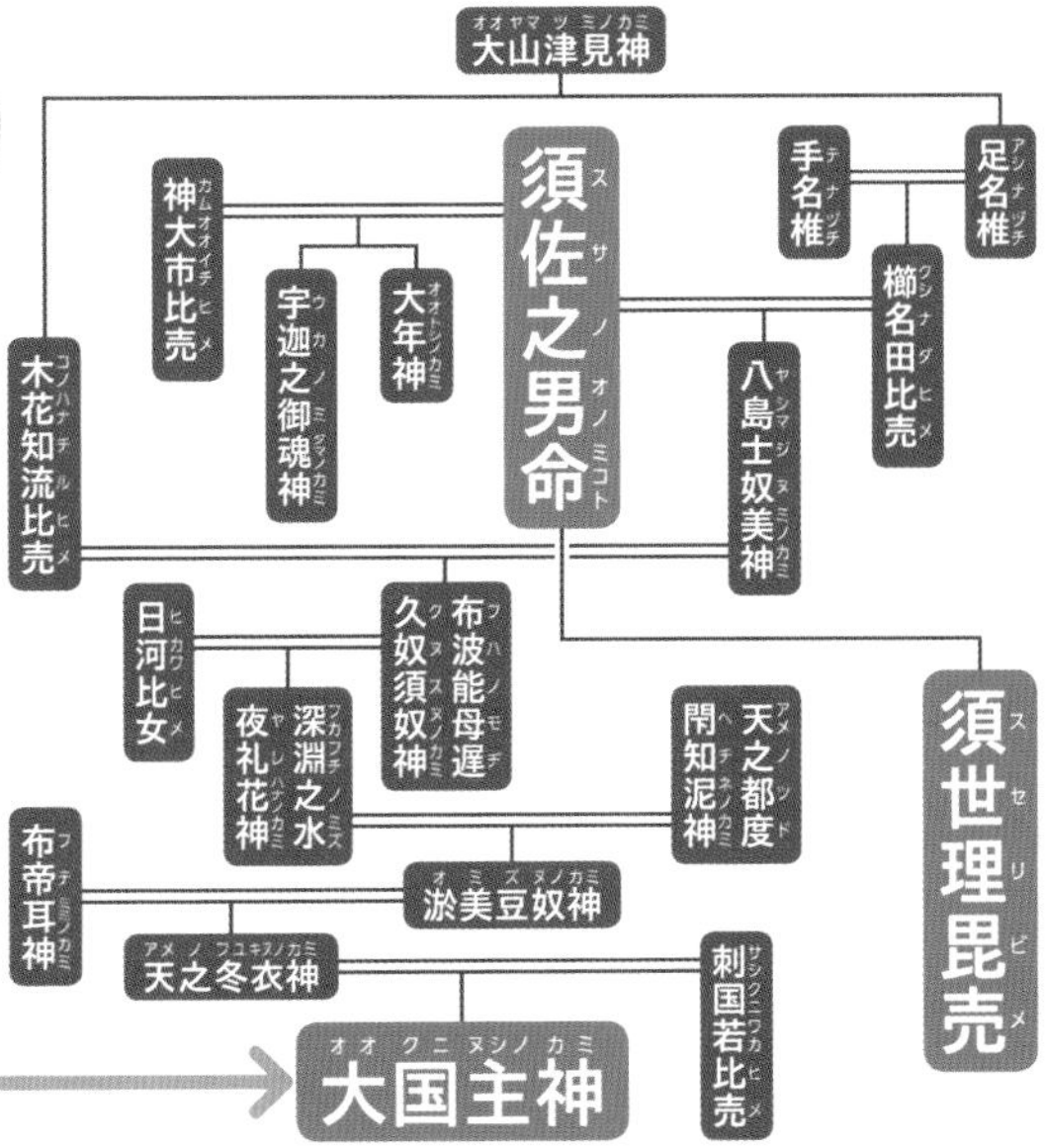

別名

- 大穴牟遅神《オオアナムジノカミ》
- 葦原色許男神《アシハラノシコオノカミ》
- 八千矛神《ヤチホコノカミ》
- 宇都志国玉神《ウツシクニタマノカミ》

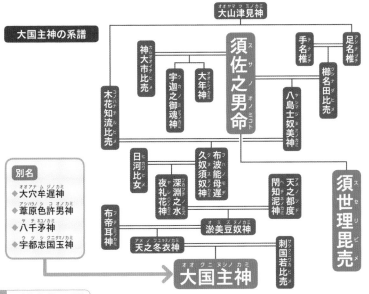

10

神々の力比べ？

大国主神《オオクニヌシノカミ》の国譲り

作った国を天照大御神《アマテラスオオミカミ》に譲ることに

大国主神《オオクニヌシノカミ》は、少名毘古那神《スクナビコナノカミ》という小さな神と大物主神《オオモノヌシノカミ》との協力を得て、国作りをしました〔図1〕。葦原中国《あしはらのなかつくに》が豊かな国となったので、高天原《たかまのはら》の支配者の天照大御神《アマテラスオオミカミ》は、わが子に国を治めさせようと考えました。**天照大御神《アマテラスオオミカミ》は大国主神《オオクニヌシノカミ》に使者を派遣し、葦原中国を譲るよう要求**し始めます〔図2〕。

ところが、第一の使者・**天菩比神《アメノホヒノカミ》**は大国主神《オオクニヌシノカミ》の側に付き、第二の使者・天若日子《アメワカヒコ》は大国主神《オオクニヌシノカミ》の娘を妻に娶《めと》り、何年経っても戻って来ません。第三の使者・**鳴女《ナキメ》**（**雉《キジ》**）は天若日子《アメワカヒコ》に殺害されてしまいます。

最後に遣わされた勇猛な**建御雷神《タケミカヅチノカミ》**は、出雲国《いずものくに》の*稲佐《いなさ》の浜に降り、大国主神《オオクニヌシノカミ》に国譲りを迫ります。大国主神《オオクニヌシノカミ》は答えを渋り、代わりに息子の**八重事代主神《ヤエコトシロヌシノカミ》**に返答を任せます。八重事代主神《ヤエコトシロヌシノカミ》は国を天照大御神《アマテラスオオミカミ》に献上することを承諾しましたが、もう一人の息子の**建御名方神《タケミナカタノカミ》**は承服せず、建御雷神《タケミカヅチノカミ》に力競べを挑みます。建御雷神《タケミカヅチノカミ》は建御名方神《タケミナカタノカミ》を投げ倒し、敗走する建御名方神《タケミナカタノカミ》を信濃国《しなののくに》の諏訪湖《すわこ》まで追いつめます。そして、二度とその地から出ないこと、天照大御神《アマテラスオオミカミ》に国を譲ることを誓わせました。

出雲に戻った建御雷神《タケミカヅチノカミ》に、大国主神《オオクニヌシノカミ》は**国譲りの条件として高くそびえる宮殿に住まわせてほしい**と願い出ます。こうして完成したのが杵築宮《きづきのみや》（現在の出雲大社）です。大国主神《オオクニヌシノカミ》の国譲りによって、葦原中国は高天原側に平定されることとなったのです〔図2〕。

*稲佐の浜：島根県出雲市大社町にある海岸。『出雲国風土記』では国引き神話でも登場する。

大国主神《オオクニヌシノカミ》は国を作り、国を譲った

二神の協力と国作り〔図1〕

大国主神《オオクニヌシノカミ》は、少名毘古那神《スクナビコナノカミ》と大物主神《オオモノヌシノカミ》の協力で葦原中国を豊かにした。

少名毘古那神《スクナビコナノカミ》の協力

- 少名毘古那神《スクナビコナノカミ》はガガイモの種で作った船に乗ってやって来た小さな神。
- 病を除く方法や虫害・鳥獣の害を除去する方法を定めた。

➡常世国《とこよのくに》へ姿を消してしまう

大物主神《オオモノヌシノカミ》により完成する

- 少名毘古那神《スクナビコナノカミ》が去ったあと、大物主神《オオモノヌシノカミ》を大和の御諸山《みもろやま》に祀り、国作りをする。
- 祭祀中心に秩序ある国作りをする。

➡葦原中国の国作りが完成する

大国主神《オオクニヌシノカミ》の国譲り〔図2〕

天照大御神《アマテラスオオミカミ》は大国主神《オオクニヌシノカミ》に葦原中国を譲るように要求、使者を送った。

1 高天原からの三人の使者

天菩比神《アメノホヒノカミ》

最初に使者として派遣されるも、大国主神《オオクニヌシノカミ》に懐柔されてしまう。

天若日子《アメワカヒコ》

第二の使者で派遣されるが大国主神《オオクニヌシノカミ》の娘の下照比売《シタデルヒメ》の婿となり、葦原中国の支配者になろうとする。

鳴女《ナキメ》（雉《キジ》）

天若日子《アメワカヒコ》の真意を問うために派遣されるが天若日子《アメワカヒコ》によって弓で射殺されてしまう。

2 国譲りの使者

建御雷神《タケミカヅチノカミ》が国譲りを要求。大国主神《オオクニヌシノカミ》の息子・八重事代主神《ヤエコトシロヌシノカミ》は承諾。もう一人の息子・建御《タケミ》名方神《ナカタノカミ》は反対するも力比べに負けて屈服。大《オオ》国主神《クニヌシノカミ》は出雲に宮殿を建てることを条件に国を譲った。

大国主神《オオクニヌシノカミ》の子・建御名方神《タケミナカタノカミ》　大国主神《オオクニヌシノカミ》

神々が続々降臨？

天孫《てんそん》降臨《こうりん》神話

天照大御神《アマテラスオオミカミ》の孫が高千穂峰《たかちほのみね》に天降《あまくだ》る

天照大御神《アマテラスオオミカミ》は、御孫の**邇々芸命《ニニギノミコト》**に葦原中国《あしはらのなかつくに》の統治を委ねました。**葦原中国に天降ることになった邇々芸命《ニニギノミコト》に、天照大御神《アマテラスオオミカミ》は勾玉《まがたま》と鏡と剣を授けます**。そして天岩屋《あまのいわや》で活躍した五部族の神々が邇々《ニニ》芸命《ギノミコト》に付き添いました。

葦原中国へ向かう途中、天上との分かれ道に、天と地を照らす神がいました。そこで**天宇受売命《アメノウズメノミコト》**を使者に立ててその神の名を問わせると、国津神《クニツカミ》の**猿田毘古神《サルタビコノカミ》**〔⬇P58〕といい、道案内のためお迎えに上がったと申し出ました。

猿田毘古神《サルタビコノカミ》に導かれ、邇々芸命《ニニギノミコト》と随行の神々は筑紫《つくし》の日向《ひむか》の高千穂《たかちほ》の霊峰に天降りました。そして太い柱を立て、千木《ちぎ》*を高く掲げた壮麗な宮殿を建てて、葦原中国を治める拠点としました。これが世にいう「**天孫降臨《てんそんこうりん》**」です〔図1〕。

邇々芸命《ニニギノミコト》は笠沙《かささ》*の岬で美しい乙女に出会います。乙女は**木花之佐久夜毘売《コノハナノサクヤビメ》**といい、国津神・大山津見神《オオヤマツミノカミ》*の娘でした。邇々芸命《ニニギノミコト》が結婚を申し込むと大山津見神《オオヤマツミノカミ》は喜び、姉の石長比売《イワナガビメ》を添えて差し出しました。ところがこの姉は大変醜かったので、邇々芸命《ニニギノミコト》は姉だけを送り返しました。

すると大山津見神《オオヤマツミノカミ》は「木花之佐久夜毘売《コノハナノサクヤビメ》には花のような繁栄が、石長比売《イワナガビメ》には岩のような永遠の命が約束されていたのに、お返しになるとは、神の御子《みこ》のご寿命は花のように儚《はかな》いものになるでしょう」と申し上げました。**以来、天皇の寿命は限りあるものとなった**のです〔図2〕。

＊**千木**：神社の本殿の屋上にみられ、破風の先端がのびて交叉した木のこと。
＊**笠沙の岬**：伝承地として鹿児島県川辺郡笠沙町の野間岬がある。
＊**大山津見神**：大いなる山の精霊で、また酒造の神ともされている。

天孫と葦原中国へ天降った神たち

天孫降臨の地は？〔図1〕

邇々芸命《ニニギノミコト》一行が天降ったという伝承地はいくつか諸説があり、現在もはっきりしていない。宮崎県の高千穂峰《たかちほみね》や鹿児島県霧島山《きりしまさん》が有力な候補地だといわれるが、論争が続いている。

邇々芸命《ニニギノミコト》一行は猿田毘古神《サルタビコノカミ》を道案内に、筑紫の日向の高千穂の霊峰に降り、葦原中国を治める宮殿を建てた（天孫降臨）。

邇々芸命の結婚〔図2〕

邇々芸命《ニニギノミコト》は、大山津見神《オオヤマツミノカミ》の娘・木花之佐久夜毘売《コノハナノサクヤビメ》に求婚すると、姉の石長比売《イワガビメ》も一緒に送られてきた。醜い姉を送り返したことで天皇の寿命は限りがあるものになったという。

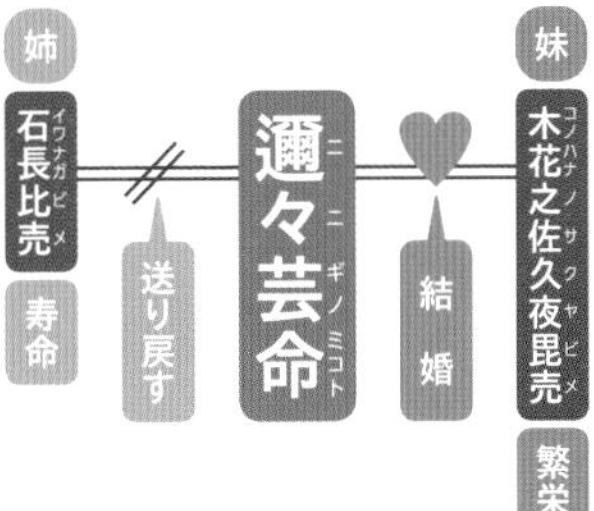

12 初代天皇の始まりは？

海幸彦《ウミサチヒコ》と山幸彦《ヤマサチヒコ》

邇々芸命《ニニギノミコト》の系譜が初代天皇につながる

邇々芸命《ニニギノミコト》と木花佐久夜毘売《コノハナノサクヤビメ》には3人の御子《みこ》がいました。**長男の火照命《ホデリノミコト》（海幸彦《ウミサチヒコ》）**は海で魚を採り、**末子の火遠理命《ホオリノミコト》（山幸彦《ヤマサチヒコ》）**は山で狩りをしました。ある日、二人は道具を交換しますが、山幸彦《ヤマサチヒコ》は海幸彦《ウミサチヒコ》の釣り針を誤って海中になくしてしまいます。許しを乞いますが、海幸彦《ウミサチヒコ》は許してくれません。

山幸彦《ヤマサチヒコ》が海辺で嘆き悲しんでいると、塩椎神《シオツチノカミ》が現れ、綿津見神《＊ワタツミノカミ》の宮へ行くように教えられます。**山幸彦《ヤマサチヒコ》はその海神の宮殿に行き、海神の綿津見神《ワタツミノカミ》の娘・豊玉毘売《トヨタマビメ》と出会い、結婚しました。**

山幸彦《ヤマサチヒコ》は海神の宮殿で暮らしましたが、この国に来た目的を思い出し大きなため息をつきます。ため息の理由を豊玉毘売《トヨタマビメ》に尋ねられたので釣り針の件を語ると、父の海神が海にいる魚を集めて釣り針を見つけてくれました。海神は山幸彦《ヤマサチヒコ》に釣り針を与えるとともに、海幸彦《ウミサチヒコ》を呪う呪文を教え、さらに潮を自由に操ることのできる**潮盈珠《しおみちのたま》**と**潮乾珠《しおひのたま》**を渡しました。山幸彦《ヤマサチヒコ》は地上に戻ります。

呪文により海幸彦《ウミサチヒコ》は貧しくなります。恨んだ海幸彦《ウミサチヒコ》が山幸彦《ヤマサチヒコ》に攻め込みますが、山幸彦《ヤマサチヒコ》は潮盈珠を使って兄を溺れさせます。海幸彦《ウミサチヒコ》が許しを求めると、潮乾珠で水を引かせました。こうして、海幸彦《ウミサチヒコ》は山幸彦《ヤマサチヒコ》に服従しました〔図1〕。

こうして邇々芸命《ニニギノミコト》とその御子は、山の神と海の神の娘と結婚することで山海両方の霊力を得て、**初代・神武《じんむ》天皇へとつながり、天下を支配することになった**のです〔図2〕。

＊綿津見神の宮：海神の宮殿。海のはるかかなたにある理想郷と考えられていた。

神武天皇に至るまでの天皇家の祖

火遠理命《ホオリノミコト》と火照命《ホデリノミコト》の争い〔図1〕

1 弟・火遠理命《ホオリノミコト》（山幸彦《ヤマサチヒコ》）は兄・火照命《ホデリノミコト》（海幸彦《ウミサチヒコ》）から借りた釣り針をなくす。許しを乞うが兄は許さない。

2 悲しむ山幸彦《ヤマサチヒコ》は、塩椎神《シオツチノカミ》の助言で綿津見神《ワタツミノカミ》の宮を訪れ、豊玉毘売《トヨタマビメ》と結婚。綿津見神《ワタツミノカミ》から潮を操る珠をもらう。

3 地上に戻り、珠を使って海幸彦《ウミサチヒコ》を服従させた。その後、海幸彦《ウミサチヒコ》の子孫は大隅・薩摩地方の※隼人《ハヤト》の祖、山幸彦《ヤマサチヒコ》が天皇の祖となる。

弟・火遠理命《ホオリノミコト》は、潮盈珠を使って兄・火照命《ホデリノミコト》を溺れさせる。

神武天皇に至る系図〔図2〕

邇々芸命《ニニギノミコト》とその御子は、山と海の神の娘と結婚することで、山と海の神の霊力を受けた。つまり天皇の祖先は、海や山の豊穣が約束され、さらに国の支配者としての正当性を得たのである。

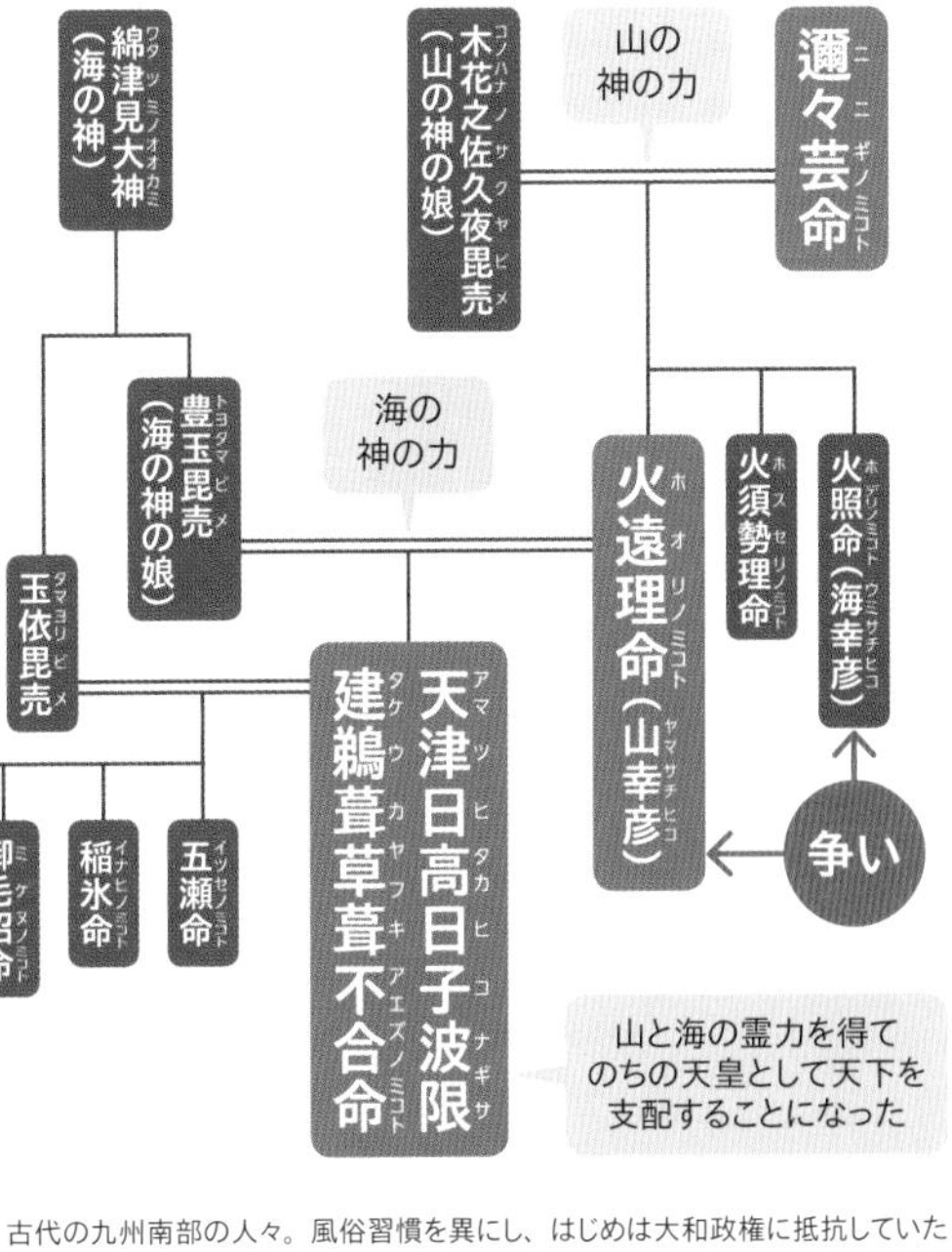

＊隼人：古代の九州南部の人々。風俗習慣を異にし、はじめは大和政権に抵抗していたが、後には隼人舞を見せたり、宮門の守護をしたりして服従した。

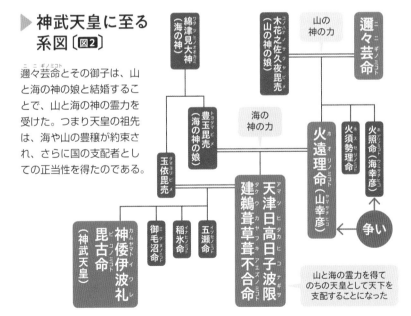

13 神武東征

神武天皇誕生までの道のり？

大和を平定するため東へ向かう

山幸彦《ヤマサチヒコ》の孫にあたる**神倭伊波礼毘古命**《カムヤマトイワレビコノミコト》（第一代・神武《じんむ》天皇）は、葦原中国《あしはらのなかつくに》を平和に治めるため、兄の五瀬命《イツセノミコト》とともに日向《ひむか》の高千穂宮《たかちほのみや》を出て、東へと向かうことになりました。二人が白肩《しらかた》の津《つ》（港）に船をとめると、土地の豪族の**登美能那賀須泥毘古**《トミノナガスネビコ》が戦をしかけてきました。五瀬命《イツセノミコト》は、このときに負った手の傷がもとで、紀国《きのくに》（紀伊国）の男之《おの》水門《みなと》で亡くなってしまいます。

一行が熊野《くまの》にたどりつくと、大きな熊が見え隠れした影響で、神倭伊波礼毘古命《カムヤマトイワレビコノミコト》とその軍勢は気を失ってしまいます。このとき、**熊野の高倉下**《タカクラジ》が建御雷神《タケミカヅチノカミ》から授かった大刀を神倭伊波礼毘古命《カムヤマトイワレビコノミコト》に差し出すと、兵たちは目を覚まし、熊に化けていた熊野の荒ぶる神は逃げ去っていきました。

神倭伊波礼毘古命《カムヤマトイワレビコノミコト》は吉野の山を越えて大和の宇陀《うだ》に着きます。宇陀には**兄宇迦斯**《エウカシ》と**弟宇迦斯**《オトウカシ》という兄弟がいました。兄宇迦斯《エウカシ》は迎え撃とうとしましたが、軍勢が集まりません。兄宇迦斯《エウカシ》は作戦を変え、服従と見せかけて、神倭伊波礼毘古命《カムヤマトイワレビコノミコト》のための御殿を作り、罠をしかけました。しかし、作戦は弟宇迦斯《オトウカシ》の密告により露見。兄宇迦斯《エウカシ》は御殿に先に入るよう強要され、自分が仕掛けた罠にかかって命を落としたのです。

その後も、さまざまな荒ぶる神たちを退け、ついに神倭伊波礼毘古命《カムヤマトイワレビコノミコト》は畝傍《うねび》の＊白檮原宮《かしはらのみや》で即位しました。この**神倭伊波礼毘古命**《カムヤマトイワレビコノミコト》**が、第一代・神武天皇**なのです。

＊白檮原宮：神武天皇の宮殿。奈良県の畝傍山の東南という。橿原神宮はその宮地に建設された。

多くの苦難を乗り越え神武天皇に

神武東征ルートと関連神社

日向から出発した神倭《カムヤマト》伊《イ》波《ワ》礼《レ》毘《ビ》古命《コノミコト》は、各地に滞在をしながら、東へ向かった。荒ぶる神々を退けて、第一代・神武天皇として即位した。

神武東征ルート

1 駒宮神社《こまみや》（宮崎県日南市）

神倭《カムヤマト》伊《イ》波《ワ》礼《レ》毘《ビ》古命《コノミコト》が、宮居を建て若い頃に滞在されたという伝説地。

2 男神社《おの》（大阪府泉南市）

負傷した兄・五瀬命《イツセノミコト》がおたけびされたと伝わる場所。

3 神倉神社《かみくら》（和歌山県新宮市）

神剣を持って神倭《カムヤマト》伊《イ》波《ワ》礼《レ》毘古命《ビコノミコト》の一行を助けた高《タカ》倉下《クラジ》を祀る神社。

4 橿原神宮《かしはら》（奈良県橿原市）

神倭《カムヤマト》伊《イ》波《ワ》礼《レ》毘《ビ》古命《コノミコト》が第一代天皇として即位した地に建立された。

写真提供／日南市商工観光課、男神社、神倉神社、橿原神宮

14 父に疎まれた英雄？ 倭《ヤマト》建《タケルノ》命《ミコト》の征伐

故郷を夢見て戦い続ける倭建命

第十二代景行《けいこう》天皇は、御子《みこ》の小碓命《オウスノミコト》に兄の大碓《オオウスノ》命《ミコト》を教えさとすようにと命じます。しかし、**小碓《オウスノ》命《ミコト》は天皇の言葉を読み違えて、大碓命《オオウスノミコト》の手足をへし折って惨殺。**天皇は小碓命《オウスノミコト》の暴虐を恐れ、遠ざけるため西方の＊熊曾建《クマソタケル》兄弟の征伐を命じました。

小碓命《オウスノミコト》は、女装して熊曾建《クマソタケル》の新築祝いの宴会に忍び込み、熊曾建《クマソタケル》の兄弟を容赦なく斬殺。熊曾建《クマソタケル》が死に際に「今から後は倭建命《ヤマトタケルノミコト》と名乗られたらよい」と申し上げたことから、小碓命《オウスノミコト》は**倭建命《ヤマトタケルノミコト》**と呼ばれるようになりました。

その後、倭建命《ヤマトタケルノミコト》は、出雲国《いずものくに》の出雲建《イズモタケル》も平らげ、宮中に戻りました。すると天皇は、重ねて倭建命《ヤマトタケルノミコト》に**東国の平定**を命じました。

倭建命《ヤマトタケルノミコト》が相模国《さがみのくに》に着くと、国造《くにのみやつこ》が倭建命《ヤマトタケルノミコト》をだまして、野で火攻めにしました。その窮地を救ったのは、伊勢宮殿で叔母の＊倭姫命《ヤマトヒメノミコト》から授けられた御剣と火打ち石でした。**倭建命《ヤマトタケルノミコト》は、御剣で草を刈り、火打ち石で火をつけ、火勢を向こう側に向け、窮地を脱した**のです。これは、須佐之男命《スサノオノミコト》がヤマタノオロチを退治したときにオロチの尾から出た御剣で、のちに「＊草薙神剣《くさなぎのつるぎ》」と呼ばれています。

その後も、倭建命《ヤマトタケルノミコト》は甲斐《かい》、信濃《しなの》、尾張《おわり》と転戦に転戦を重ねました。この終わりなき闘いの日々は、いつしか倭建命《ヤマトタケルノミコト》の健康を蝕み、旅の途上で倭建命《ヤマトタケルノミコト》は息絶えてしまいます。嘆き悲しむ妻子の前で、倭建命《ヤマトタケルノミコト》の魂は大きな白鳥となって、天空に羽ばたき、飛び去っていきました。

＊熊曾建：記紀神話にみえる九州南部の先住民で、朝廷に抵抗をしていた種族。
＊倭姫命：垂仁天皇の第4皇女で、天照大神を大和の笠縫邑《かさぬいのむら》から伊勢に遷《うつ》して祀った。
＊草薙神剣：『日本書紀』の一説には草を薙ぎ払ったことから「草薙神剣」との名前がついたとある。

倭建命《ヤマトタケルノミコト》の命を蝕むほどの転戦

倭建命《ヤマトタケルノミコト》の征伐と伝承地

景行《けいこう》天皇に命じられ、倭建命《ヤマトタケルノミコト》は東征を行った。

1 纏向日代宮跡《まきむくひしろのみやあと》（奈良県桜井市）

倭建命《ヤマトタケルノミコト》の父である景行《けいこう》天皇が宮殿を構えたとされる伝承地。

4 熱田神宮《あつた》（愛知県名古屋市）

倭姫命《ヤマトヒメノミコト》から与えられ、相模国で倭建命《ヤマトタケルノミコト》を救った草薙神剣《くさなぎのみつるぎ》を御霊代として祀る。

2 腰掛神社《こしかけ》（神奈川県茅ケ崎市）

倭建命《ヤマトタケルノミコト》が東国遠征の際、大山を眺めながら休憩したときの大石がある。

3 走水神社《はしりみず》（神奈川県横須賀市）

海神の怒りを鎮めるために自ら入水した弟橘媛命《オトタチバナヒメノミコト》を祀る。

写真提供／
桜井市教育委員会、腰掛神社、走水神社、熱田神宮

15 三種の神器

歴代天皇が受け継ぐ？

歴代の天皇が受け継ぐ3つの至宝

倭建命《ヤマトタケルノミコト》が相模国《さがみのくに》で野火攻めにあったときに、窮地を救った草薙神剣《くさなぎのつるぎ》。これは、皇室に代々伝えられた「**三種《さんしゅ》の神器《じんぎ》**」のひとつです。

三種の神器とは、**八咫鏡《やたのかがみ》・八尺瓊勾玉《やさかにのまがたま》・天叢雲剣《あめのむらくものつるぎ》**（**草薙神剣《くさなぎのつるぎ》**）のことです。『古事記』には、天孫降臨《てんそんこうりん》の際に、天照大御神《アマテラスオオミカミ》がこれらの神宝を御孫の邇々芸命《ニニギノミコト》に授けたとあります。『古事記』『日本書紀』の天岩屋《あまのいわや》神話によると、天照大御神《アマテラスオオミカミ》を天岩屋から引き出す方策のひとつとして作られた鏡と勾玉〔↓P26〕が、八咫鏡と八尺瓊勾玉になったとあります。**八咫鏡**は、天安河原《あめのやすのかわら》の川上で採れた石と天《あま》の鉱山《かなやま》の鉄を用いて、＊伊斯許理度売命《イシコリドメノミコト》に鋳造させました。一方で**八尺瓊勾玉**は、＊玉祖命《タマノオヤノミコト》に命じて作らせた玉飾りです。

草薙神剣は**天叢雲剣**ともいい、須佐之男命《スサノオノミコト》がヤマタノオロチを退治したときにその尾から見つかり、天照大御神《アマテラスオオミカミ》に献上されました〔↓P30〕。その後、天叢雲剣は皇女《こうじょ》・倭姫命《ヤマトヒメノミコト》によって、火打ち石とともに倭建命《ヤマトタケルノミコト》に授けられました。倭建命《ヤマトタケルノミコト》が東征の途上、相模国に着いたとき、火攻めの難にあいます。そこで、まずこの神剣で草を刈り払い、火打ち石で火を草につけて危地を脱したのです〔↓P42〕。

現在、**八咫鏡は伊勢神宮の内宮に、草薙神剣は熱田神宮に祀られており、八尺瓊勾玉は皇居に保管されています。**三種の神器は皇位の正統性のシンボルですので、それだけに長い歴史の中で、さまざまな説が論じられてきました。

＊伊斯許理度売命：鏡作連《かがみつくりのむらじ》らの祖神。天孫降臨の際に邇々芸命に従った。
＊玉祖命：玉祖連《たまのおやのむらじ》の祖神。天孫降臨の際に随行する。

天照大御神《アマテラスオオミカミ》より授かった神宝

皇位の印とされる三種の神宝

三種の神器は、皇室に代々伝わる神宝だ。

八咫鏡

天岩屋に天照大御神《アマテラスオオミカミ》がこもった際に、伊斯許理度売《イシコリドメノ》命《ミコト》が作った鏡という。ついで天孫降臨のとき、天照《アマテラス》大御神《オオミカミ》がご自身の神霊として祀るようにと願われて邇々芸命《ニニギノミコト》に渡された。伊勢神宮の内宮に祀られる。

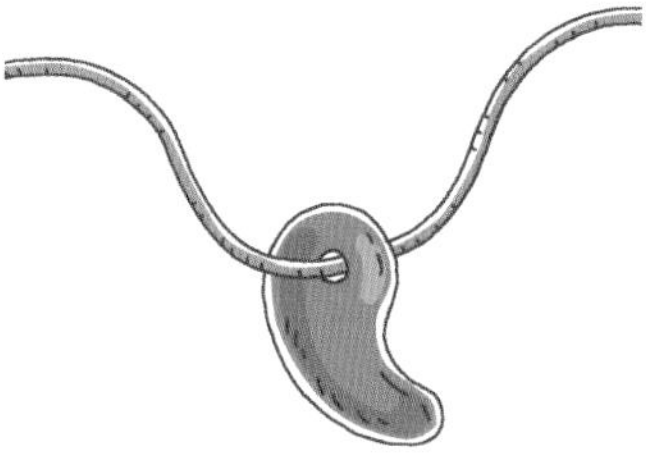

八尺瓊勾玉

天岩屋に天照大御神《アマテラスオオミカミ》がこもった際に、玉祖命《タマノオヤノミコト》が作った勾玉だとされている。その後、邇々芸命《ニニギノミコト》に授けられたと伝わる。皇居に草薙神剣の分身とともに安置されている。

天叢雲剣（草薙神剣）

ヤマタノオロチの尾から出てきた剣。天照大神《アマテラスオオミカミ》に献上され、日本武尊《ヤマトタケルノミコト》が東国征討で火攻めに遭った際に、この剣で草を薙ぎ払ったところから「草薙神剣」とも呼ばれると『日本書紀』に「一《ある》に云《い》はく」として記してある。熱田神宮の御霊代として祀られている。

こぼれ話 十種《とくさ》の神宝《かんだから》とは？

十種の神宝とは、※物部《もののべ》の祖神である饒《ニギ》速日命《ハヤヒノミコト》が高天原《たかまのはら》から降りた際に、天神御祖から授けられた神宝のこと。十種の神宝には合計十種の鏡と剣と玉と比礼《ひれ》があるという。しかし三種の神器と異なって、その実態は謎に包まれている。

その内容は、沖津鏡《おきつかがみ》・辺津鏡《へつかがみ》・八握《やつかの》剣《つるぎ》・生玉《いくたま》・死返玉《まかるかへしのたま》・足玉《たるたま》・道返玉《ちがへしのたま》・蛇比《へみのひ》礼《れ》・蜂比礼《はちのひれ》・品物比礼《くさぐさのもののひれ》の10種である。

＊物部：邇々芸命《ニニギノミコト》よりも前に葦原中国《あしはらのなかつくに》に降りたと伝え、饒速日命《ニギハヤヒノミコト》を始祖とする一族。兵器の製造管理をし、次第に有力軍事氏族に成長していった。

Q 神前結婚式って、いつ頃から行われてきたの？

昭和頃 or 明治頃 or 奈良時代 or 縄文時代

結婚の誓約《せいやく》をする儀式のことを結婚式と呼びます。現代ではさまざまな形式のものがありますが、中には、神社で行うものもありますよね。神職が立ち会い、厳《おごそ》かな雰囲気の中で行われる「神前《しんぜん》結婚式」と呼ばれるものです。

西洋風の結婚式に比べて、古くからの伝統的な風習に見えますが、神前結婚式はいつから始まったのでしょうか？

神前結婚式が始まったのは、実は明治時代に入ってからです。明治三十三（1900）年5月、皇太子・嘉仁《よしひと》親王（後の大正天皇）と九条節子《さだこ》姫（後の貞明《ていめい》皇后）の婚儀が、宮中賢所《かしこどころ》で行われました。この婚礼の式次第に基づき、日比谷大神宮（現・東京大神宮《とうきょうだいじんぐう》）で神前模擬結婚式が行われたのが翌三十四（1901）年のこと。これをきっかけに**神前結婚式は一大ブームとなり、全国に広まりました。**ですので、答えは「明治頃」です。

明治時代より前は、家庭で親族や知人・地元の有力者などを招いて婚礼を行うのが一般的でした。床の間に伊耶那《イザナ》岐神《キノカミ》・伊耶那美神《イザナミノカミ》の尊像や縁起物などの掛け軸をかけ、その前に神酒《みき》を供えて、新郎新婦が三三九度の酒杯を交わしました。これは神への報告というよりは、社会的なお披露目としての性格のほうが強かったようです。

その後、**神前結婚式が普及すると、婚礼の儀はより厳粛なものとなった**のです。ちなみに、神前結婚式の式次第は上図のような流れです。

神前結婚式の式次第

1	修祓《しゅばつ》	神職・参列者一同を、祓い清める。
2	斎主一拝《さいしゅいっぱい》	式の開始にあたり斎主《さいしゅ》（神職）が神前にて一拝する。
3	献饌《けんせん》	神様に供物《くもつ》をささげる。
4	祝詞奏上《のりとそうじょう》	斎主が神前で結婚の祝詞を唱える。
5	三献《さんこん》の儀《ぎ》	新郎新婦が三つ組の杯で三度ずつ三回神酒を飲む。
6	誓詞《せいし》奏上	新郎新婦が神前で誓いの言葉を奏上する。
7	玉串奉奠《たまぐしほうてん》	斎主・新郎新婦・媒酌人《ばいしゃくにん》の順で神前に玉串《たまぐし》を捧げ、拝礼をする。
8	親族固めの盃《さかずき》	新郎新婦の両家の親族の間で神酒を飲み交わす。
9	撤饌《てっせん》	供物を下げる。
10	斎主一拝	斎主が神前にて一拝する。参列者一同もこれにならう。

いつからある行事？ 七五三

「七五三」とは、これまでの子どもの成長を感謝し、今後の健やかな成長を祈る行事です。公家や武家で行われていた通過儀礼の慣習が、江戸時代に町人の間で広まっていったのが始まりです。

男子が数え年で3歳と5歳、女子が3歳と7歳のときに氏神様《うじがみさま》に参詣する慣習で、根付いたのは明治以降のこと。7歳のお宮参りの際に、氏神様の神社から氏子《うじこ》札《ふだ》を授与されます。

氏神様とは、その地域の土地を守護している神様です。その土地に生まれると、その土地の氏神様の「氏子《うじこ》」となります。古来より、子どもは「7歳までは神の子」として、神様の加護を受ける存在と考えられてきました。しかし、7歳以降は地域の共同体の一員として神の加護を離れて、正式に氏子の一員になります。そのため、神社から氏子札を授けられるのです。

ちなみに、七五三の日が11月15日と定められたのは、天和元（1681）年のこの日に、五代将軍徳川綱吉《つなよし》の子・徳松《とくまつ》の＊髪置《かみおき》祝いが行われたことが始まりといわれます。

また、七五三には千歳《ちとせ》飴《あめ》がつきものですね。鶴亀などの絵が描かれた細長い袋に入った縁起飴で、幸福が長く続くようにという願いや、長寿の願いも込められているとされます。

＊髪置：これまで剃ったり切ったりしていた髪の毛を長く伸ばし始める通過儀礼。

2章

意外なほどたくさんいる？
神社に祀られる神々

日本各地の神社には、さまざまな神様が祀られています。日本神話の神様から、神様と祀られるようになった人間まで、多彩な神々の由来やご利益などを紹介します。

神様はいっぱいいる?

01 神々の種類

神話の神々や、人間が祀られることも

神社には多彩な神々が祀られています〔図1〕。それらを整理してみると、ひとつには**記紀《きき》神話に登場する神々**が挙げられます。こうした神々は、天照大御神《アマテラスオオミカミ》は伊勢神宮、大国主神《オオクニヌシノカミ》は出雲大社というように、神話の内容のとおりに所縁《ゆかり》の神社に祀られています。

また、その土地で独自に信仰されてきた**土着の神々**がいます。天孫降臨《てんそんこうりん》の際、道案内をした猿田《サルタ》毘古神《ビコノカミ》は伊勢地方の土着の神、すなわち地主神《じぬしがみ》とされます。さらにインドや中国などからやってきた神や仏などが日本の神と同一視された**習合神《しゅうごうしん》**もあります。例えば、八坂《やさか》神社は明治時代までは牛《ゴ》＊頭天王《ズテンノウ》を祀っていましたが、のちに須佐之男命《スサノオノミコト》と習合されるようになりました。

人間を祭神として祀るケースもあります。明治神宮や平安神宮、橿原神宮《かしはらじんぐう》などには天皇や皇族が祀られています。戦争や治世などに功績のあった人物、優れた文化的業績を残した人物を神として祀ることもあります。歴史的偉業のあった豊臣秀吉や徳川家康は没後に神に祀られて豊国《とよくに》神社や日《にっ》光東照宮《こうとうしょうぐう》の祭神となりました。

非業の死を遂げて、死後に祟りを及ぼした人の霊を祀る場合もあります（御霊神《ごりょうしん》）。

以上の神々のほかに、**民間で信仰される神**も多くあります〔図2〕。それらは地域社会が祀る神で、多くは日常生活と結び付いた多種多様な神々が信仰されているのです。

＊牛頭天王：もとはインドの祇園精舎を守護する神だった。

さまざまな種類の神様がいる

主な祭神の区分〔図1〕 神社には、いろいろな神が祀られている。

祭神の区分		主な神々とそれを祀る神社	頁
記紀の神々		天照大御神《アマテラスオオミカミ》（伊勢神宮）、須佐之男命《スサノオノミコト》（氷川神社）など	➡P52～59
土着の神々		大物主神《オオモノヌシノカミ》（大神《おおみわ》神社）、寒川比古命《サムカワヒコノミコト》・寒川比女命《サムカワヒメミコト》（寒川神社）など	大神神社 ➡P150
習合神		牛頭天王《ゴズテンノウ》（八坂《やさか》神社）、熊野三所権現《クマノサンショゴンゲン》（熊野三社）、八幡大菩薩《ハチマンダイボサツ》＝応神《おうじん》天皇（宇佐神宮）など	➡P60
人格神	天皇皇族	桓武《かんむ》天皇（平安神宮）、後醍醐《ごだいご》天皇（吉野神宮）、明治天皇（明治神宮）など	➡P66、70
	英雄功労者	楠木正成《くすのきまさしげ》（湊川《みなとがわ》神社）、織田信長《おだのぶなが》（建勲《けんくん》神社）、豊臣秀吉《とよとみひでよし》（豊国神社）、徳川家康《とくがわいえやす》（日光東照宮）、東郷平八郎《とうごうへいはちろう》（東郷神社）など	➡P64～71
	御霊神	早良《さわら》親王（御霊神社）、菅原道真《すがわらのみちざね》（北野天満宮）、平将門《たいらのまさかど》（神田明神）、崇徳《すとく》上皇（白峯《しらみね》神宮）、安徳《あんとく》天皇（赤間《あかま》神宮・水天宮《すいてんぐう》）など	➡P72

民間で信仰される神々〔図2〕

自然の神々

自然や大地を司る神々。火の神、水の神、土の神、風の神、雷の神、山の神、海の神、港の神など。

生命の神々

子授け・安産・五穀豊穣《ごこくほうじょう》を司る。産神《ウブガミ》、子安神《コヤスガミ》、食物の神、穀物の神、宇賀神《ウガジン》、淡嶋《アワシマ》さまなど。

家の中の神々

家屋・台所・厠《かわや》などを司る。敷地の神、家屋の神、台所の神、竈《かまど》の神、厠の神など。

仕事・芸能の神々

農業・漁業・芸能に秀でた神様。農業の神、漁業の神、林業の神、鍛冶の神、芸能の神など。

神々を生んだ神々？

02 天地創世神話の神々

夫婦神が多くの神々を生み出した

天地の始まりから神世七代《かみよななよ》の終盤に登場する国生み・神生みの神が、**伊耶那岐神**《イザナキノカミ》と**伊耶那美神**《イザナミノカミ》です。二神は結婚して日本の国土をつくり（国生み）、多くの神々を生みました（神生み）。国土と自然物を形づくり、人間の生活基盤を築いた神です。一方で妻・伊耶那美神《イザナミノカミ》の死は、人間の生と死の起源ともされています〔⬇P20〕。

火の神である*迦具土神**《カグツチノカミ》は、その誕生によって母・伊耶那美神《イザナミノカミ》を死に至らしめました。父・伊耶那岐《イザナキ》神《カミ》に首をはねられた迦具土神《カグツチノカミ》の死体からは、山々を司る正鹿山津見神《マサカヤマツミノカミ》や奥山津見神《オクヤマツミノカミ》が、また飛び散った血から建御雷神《タケミカヅチノカミ》〔⬇P56〕や石筒之男神《イワツツノオノカミ》などの神々が誕生しました。雷を司る建御雷神《タケミカヅチノカミ》は剣の神ともされるなど、迦具土神《カグツチノカミ》の体や血から生まれた神々は鉱山や工業など生産に関わる神であるという共通点をもちます。

水蛭子神《ヒルコノカミ》は、伊耶那岐神《イザナキノカミ》と伊耶那美神《イザナミノカミ》との間に最初に生まれた神ですが、葦の船に乗せられ海に流されました。*摂津国《せっつのくに》に流れ着いた水蛭子神《ヒルコノカミ》は漁師に拾われ、戎三郎《えびすさぶろう》と名乗り、七福神の恵比寿神《エビスカミ》と同一視されるようになりました。

伊耶那美神《イザナミノカミ》が火傷で苦しみながら生んだ一柱《ひとはしら》が穀物を司る**和久産巣日神**《ワクムスヒノカミ》で、その御子《みこ》が豊宇気毘《トヨウケビ》売神《メノカミ》（豊受大神《トヨウケノオオカミ》）です。「宇気《ウケ》」は食物の意味で、稲作や食物全般の豊饒を司る神です。そのためこの神は、天照大御神《アマテラスオオミカミ》の食事を整える役目を担い、伊勢神宮の外宮《げくう》に祀られました。

＊迦具土神：神名の「カグ」は火が燃えさかる様子を表す。火の神である。
＊摂津国：現在の大阪府北中部と兵庫県南東部にあたる。同地の兵庫県西宮市にある西宮神社（→P157）は水蛭子神を主祭神とし、商売繁盛のご利益があることで有名。

神生みに登場する神々

迦具土神《カグツチノカミ》

誕生の際に母に火傷を負わせて、死に追いやった。そのため父の伊耶那岐神《イザナキノカミ》に惨殺される。

神徳 ◆火災避け ◆郷土守護

主な神社 秋葉山本宮秋葉神社（静岡県浜松市）
愛宕神社（京都府京都市）

伊耶那岐神《イザナキノカミ》と伊耶那美神《イザナミノカミ》

伊耶那岐神《イザナキノカミ》は天空の父神となり、伊耶那美神《イザナミノカミ》は大地の母神として人間の死を司る。

神徳 ◆延命長寿 ◆縁結び ◆夫婦和合 ◆事業成功

主な神社 多賀大社（滋賀県犬上郡）
伊弉諾神宮（兵庫県淡路市）

豊受大神《トヨウケノオオカミ》

伊耶那岐神《イザナキノカミ》と伊耶那美神《イザナミノカミ》の間に生まれた和久産巣《ワクムス》日神《ヒノカミ》の御子。手に稲を持つのは、天照大御神《アマテラスオオミカミ》の食料を示す。

神徳 ◆農業守護 ◆漁業守護 ◆産業の守護

主な神社 伊勢神宮外宮（三重県伊勢市）
籠神社（京都府宮津市）

水蛭子神《ヒルコノカミ》

伊耶那岐神《イザナキノカミ》と伊耶那美神《イザナミノカミ》の間で最初に生まれた子。未熟な子だったため、海に流され、のちに恵比寿《エビス》神《カミ》となった。

神徳 ◆海上安全 ◆豊漁守護 ◆商売繁盛

主な神社 西宮神社（兵庫県西宮市）
蛭子神社（神奈川県鎌倉市）

03 昼や夜を生み出した？ 三貴子《さんきし》と出雲神話の神々

日本神話の主要な神々の由来

死者の世界である黄泉国《よみのくに》から戻った伊耶那岐神《イザナキノカミ》は、死の穢《けが》れを清める禊《みそぎ》を行い、その際に天照大御神《アマテラスオオミカミ》、月読命《ツクヨミノミコト》、須佐之男命《スサノオノミコト》の三貴子が生まれました〔↓P22〕。

天照大御神《アマテラスオオミカミ》は光り輝く太陽のような存在だったので、神々の世界である高天原《たかまのはら》の統治を任せられました。現在では伊勢神宮の内宮《ないくう》に祀られ、皇室の祖先神として崇められています。

夜の国を統治することとなったのが**月読命《ツクヨミノミコト》**で、月のような男神です。あるとき、月読命《ツクヨミノミコト》は姉の天照大御神《アマテラスオオミカミ》の命令で五穀豊穣《ごこくほうじょう》を司る*保食神《ウケモチノカミ》のもとを訪れます。保食神《ウケモチノカミ》は口から吐き出した食物で月読命《ツクヨミノミコト》をもてなしました。「吐き出したものを食べさせるとは汚らわしい」と怒った月読命《ツクヨミノミコト》は保食神《ウケモチノカミ》を斬殺。弟の蛮行をとがめた天照大御神《アマテラスオオミカミ》は月読命《ツクヨミノミコト》と距離を置きました。このため、太陽と月は交代で天に現れ、昼と夜が生まれたのです。

海を統治することとなった**須佐之男命《スサノオノミコト》**は暴れ者で、乱行を繰り返したため高天原から追放されます。その後は出雲に天下り、ヤマタノオロチを退治するなどの活躍を見せ、善神として崇められました〔↓P30〕。

オロチ退治で須佐之男命《スサノオノミコト》に救出され、その妃となったのが***櫛名田比売《クシナダヒメ》**です。「名田」とは稲田のことで、稲作を守護し豊穣をもたらす神とされます。夫とともに祀られることも多く、夫婦和合・縁結びの神としても崇められています。

＊保食神：亡骸からは人間が生きるのに必要な食物である牛馬や稲、麦などが生まれた。
＊櫛名田比売：須佐之男命は櫛名田比売と結婚すると「八雲立つ 出雲八重垣 妻籠みに 八重垣作る その八重垣を」という和歌を詠んだ。

三貴子と出雲神話に登場する神々

月読神《ツクヨミノミコト》

月のような神であり、夜の世界を統治する。月齢を読むことから農耕と漁猟の守護神とされている。

神徳 ◆五穀豊穣　◆漁猟守護　◆海上安全

主な神社 伊勢神宮月読宮（三重県伊勢市）
月山神社（山形県鶴岡市）

天照大御神《アマテラスオオミカミ》

父・伊耶那岐神《イザナキノカミ》に、高天原を統治するように委任された。太陽のような、天皇家の祖先神。

神徳 ◆国土平安　◆五穀豊穣　◆生命力向上

主な神社 伊勢神宮内宮（三重県伊勢市）
全国の神明社・天祖神社

櫛名田比売《クシナダヒメ》

稲を持ち、豊かに実る稲田を神格化している。ヤマタノオロチ退治の後、須賀宮で須佐之男命《スサノオノミコト》と結婚する。

神徳 ◆五穀豊穣　◆縁結び　◆夫婦和合

主な神社 八重垣神社（島根県松江市）
須我神社（島根県雲南市）

須佐之男命《スサノオノミコト》

高天原では乱暴を働くなどで、追放されるが、出雲ではヤマタノオロチを退治するなど善神として活躍。

神徳 ◆五穀豊穣　◆厄除け開運　◆縁結び

主な神社 八坂神社（京都府京都市）
氷川神社（埼玉県さいたま市）

04 国作り・国譲りの神々

日本の国作りに関わった神々

皮をむかれた兎《うさぎ》を助けた「因幡《いなば》の素兎《しろうさぎ》」のエピソードで知られる*大国主神《オオクニヌシノカミ》は、須佐之男命《スサノオノミコト》の直系の子孫です。大国主神《オオクニヌシノカミ》という名は「国土を治める偉大な神」という意味で、また「大国」を「だいこく」と音読したことから七福神の大黒天《ダイコクテン》と同一視されました。

根《ね》の堅州国《かたすくに》で須佐之男命《スサノオノミコト》の娘・須世理毘売《スセリビメ》と結ばれ、さまざまな試練を耐え抜いた大国主神《オオクニヌシノカミ》は、須佐之男命《スサノオノミコト》から日本の国土である葦原中国《あしはらのなかつくに》の支配権を譲られました〔↓P32〕。

どのように国作りをするか悩む大国主神《オオクニヌシノカミ》の前に現れたのが**少名毘古那神**《スクナビコナノカミ》です。この神は高天原《たかまのはら》の実力者・神産巣日神《カムムスビノカミ》の手の指の間をくぐり抜けていった御子《みこ》で、大国主神《オオクニヌシノカミ》と協力して国土の経営にあたりました。『日本書紀』に、少名毘古那神《スクナビコナノカミ》は病を除く方法を定めたとあることから、医療・薬事の守護神とも信じられています。

国譲りといえば建御雷神《タケミカヅチノカミ》と経津主神《フツヌシノカミ》がいます。**建御雷神**《タケミカヅチノカミ》は、大国主神《オオクニヌシノカミ》と国譲り〔↓P34〕を交渉した武神で、鹿島神宮に祀られています。国譲りに最後まで抵抗した大国主神《オオクニヌシノカミ》の御子の建御名方神《タケミナカタノカミ》を、信濃国《しなののくに》の諏訪湖まで追い詰めて屈服させました。

*****経津主神**《フツヌシノカミ》は香取神宮に祀られており、『日本書紀』にのみ登場します。建御雷神《タケミカヅチノカミ》と葦原中国に派遣され、大国主神《オオクニヌシノカミ》と交渉するなど国譲りに尽力しました。なお、建御雷神《タケミカヅチノカミ》・経津主神《フツヌシノカミ》は、ともに藤原氏の氏神《うじがみ》として春日大社に祀られました。

＊**大国主神**：大物主神《オオモノヌシノカミ》、大穴牟遅神《オオアナムジノカミ》、葦原色許男命《アシハラシコオノカミ》、宇都志国玉神《ウツシクニタマノカミ》などさまざまな異称をもつ。
＊**経津主神**：『日本書紀』によれば、伊耶那岐神《イザナキノカミ》が迦具土神を斬殺した際に、高天原の河原にある五百箇磐石《いおついわむら》に滴った血から生まれた磐筒男神・磐筒女神の御子とされている。

国作りと国譲りに登場する神々

少名毘古那神《スクナビコナノカミ》

身体が短小であったことは神名の「少名《スクナ》」からもわかる。のちに常世国《とこよのくに》へ消えた。

神徳 ◆病気平癒 ◆国土平安 ◆諸産業繁盛

主な神社 御嶽神社（長野県木曽郡）
少彦名神社（大阪府大阪市）

大国主神《オオクニヌシノカミ》

兄弟の迫害や、須佐之男命《スサノオノミコト》の試練の末、葦原中国《あしはらのなかつくに》の支配者となって、国作りを推進する。

神徳 ◆夫婦和合 ◆病気平癒 ◆医療 ◆農業 ◆厄除けなど

主な神社 出雲大社（島根県出雲市）
氣多神社（石川県羽咋市）

経津主神《フツヌシノカミ》

『古事記』には登場せず、『日本書紀』にだけ登場する。建御雷神《タケミカヅチノカミ》とともに国譲りを成功させた神。

神徳 ◆勝運 ◆交通安全 ◆災難除け

主な神社 香取神宮（千葉県香取市）
春日大社（奈良県奈良市）

建御雷神《タケミカヅチノカミ》

稲佐の浜で剣を波頭に突き立て、その上に座り、大《オオ》国主神《クニヌシノカミ》と対峙する。葦原中国の国譲りを要求した。

神徳 ◆武道守護 ◆国家鎮護 ◆病気安寧

主な神社 鹿島神宮（茨城県鹿嶋市）
春日大社（奈良県奈良市）

05 天孫《てん》降《こう》臨《りん》の神々

天から続々と降りてきた？

火の中で天皇の祖先となる神が生まれた

邇々芸命《ニニギノミコト》の父は天照大御神《アマテラスオオミカミ》の御子《みこ》・天忍穂耳命《アメノオシホミミノミコト》で、母は高御産巣日神《タカミムスビノカミ》の娘の万幡豊秋津師比売命《ヨロヅハタトヨアキツシヒメノミコト》です。南九州の*高千穂峰《たかちほのみね》に降臨した邇々芸命《ニニギノミコト》は、ここを拠点として統治の足がかりとしました。

天宇受売命《アメノウズメノミコト》は、天岩屋《あまのいわや》神話で、岩屋の前で踊りを披露しました〔⬇P26〕。これは、巫女に神が乗り移ったことを示すので、神が天宇受売命《アメノウズメノミコト》の身体を借りて託宣《たくせん》を行ったとも考えられています。天宇受売命《アメノウズメノミコト》の神降ろしの儀礼は、のちに宮中での鎮魂祭や神楽《かぐら》の起源となったといわれています。天宇受売命《アメノウズメノミコト》は、「天孫降臨」〔⬇P36〕に同行することも命じられます。

天孫降臨の際、伊勢の国津神《クニツカミ》の**猿田毘古神《サルタビコノカミ》**が現れて天孫一行を出迎え、彼らを案内しました。このため猿田毘古神《サルタビコノカミ》は境界の守護神、また道の神（道祖神《どうそしん》）と同一視されて崇められます。天宇受売命《アメノウズメノミコト》は猿田毘古神《サルタビコノカミ》の妻となりました。

この地で邇々芸命《ニニギノミコト》の妻となったのが、**木花之佐久夜毘売《コノハナノサクヤビメ》**です。木花之佐久夜毘売《コノハナノサクヤビメ》は結婚して一夜で妊娠。そのため、夫から国津神との子であると疑われ、その身の潔白を証明するために「*天津神《アマツカミ》の御子なら火の中でも死なない」と言って産屋に火を放って火の中で三人の御子を出産しました。その中の一柱が**火遠理命《ホオリノミコト》**で、**その子孫が天皇家の系譜につながります**。木花之佐久夜毘売《コノハナノサクヤビメ》は、富士山本宮浅間大社の祭神として崇められ、火難厄除や安産の神ともされます。

＊**高千穂峰**：宮崎県と鹿児島県の県境にある実在する山で、標高1573メートル。山頂には、御神体として青銅製の天之逆鉾が祀られている。
＊**天津神**：高天原に現れた神、もしくは高天原から降臨してきた神々のこと。

天孫降臨に関わる神々

天宇受売命《アメノウズメノミコト》

天岩屋の前で、神がかり状態になって踊った。巫女として神楽職を司った猿女君《さるめのきみ》の祖となる。

神徳 ◆技芸上達 ◆夫婦和合 ◆縁結び

主な神社 芸能神社(京都府京都市)
大田神社(京都府京都市)

邇々芸命《ニニギノミコト》

天照大御神《アマテラスオオミカミ》の御孫で葦原中国《あしはらのなかつくに》を統治した。稲を持つのは、「斎庭《ゆにわ》の稲穂の神勅《しんちょく》」の約束から。

神徳 ◆国家安泰 ◆五穀豊穣 ◆家内安全

主な神社 霧島神社(鹿児島県霧島市)
高千穂神社(宮崎県宮崎県西臼杵郡)

木花之佐久夜毘売《コノハナノサクヤビメ》

一夜の契りで身ごもったために、夫・邇々芸命《ニニギノミコト》から疑われ、燃えさかる産屋の中で御子を出産した。

神徳 ◆五穀豊穣 ◆火難避け ◆醸造守護

主な神社 富士山本宮浅間大社(静岡県富士宮市)
箱根神社(神奈川県足柄下郡)

猿田毘古神《サルタビコノカミ》

長い鼻をもつ天狗のような異形の姿をしている。漁猟の際に貝に手を挟まれて謎の溺死をする。

神徳 ◆災難避け ◆交通安全 ◆殖産興業

主な神社 椿大神社(三重県鈴鹿市)
猿田彦神社(三重県伊勢市)

06 習合神

神と仏が混じった？

神仏習合《しんぶつしゅうごう》によって神と仏が同一視される

習合神とは、さまざまな宗教、なかでも神道の神と仏教の仏とが習合して生じた神のことです。

神道の**八幡神**《ハチマンシン》は誉田別尊《ホンダワケノミコト》ともいい、＊応神《おうじん》天皇のことですが、仏教と習合して菩薩号を付して**八幡大菩薩**《ハチマンダイボサツ》（＝**八幡神**）として信仰されました。もっとも早く現れた習合神のひとつで、源氏の守護神として全国の武家から武神として信仰を集めました。

また、須佐之男命《スサノオノミコト》〔⬇P54〕の子である**宇迦之御魂神**《ウカノミタマノカミ》は、もとは穀物を司る神でしたが、渡来系の氏族・秦《はた》氏の氏神《うじがみ》である農耕神や仏教の荼枳尼天《ダギニテン》、民間で信仰されていた宇賀神《ウガジン》などと習合し、現在では商売繁盛の神「**お稲荷《いなり》さん**」〔⬇P126〕として広く親しまれています。

さらに疫病をもたらす神として恐れられ、御霊会《ごりょうえ》〔⬇P73〕で祀られた神に**牛頭天王**《ゴズテンノウ》がいます。インドの神であり、頭に牛の頭をもちます。**須佐之男命**《スサノオノミコト》**と同一視され、その本地仏は薬師如来**《やくしにょらい》**であると**もされました。最大の疫神として人々から畏怖され、京都に疫病や悪霊が侵入することを防ぐために祇園御霊会《ぎおんごりょうえ》が行われました。

熊野三山の主祭神で、熊野権現《クマノゴンゲン》の三神である**家津御子**《ケツミコ》、**速玉大神**《ハヤタマノオオカミ》、**牟須美大神**《ムスビノオオカミ》（**熊野三所権現**《クマノサンショゴンゲン》）は、仏教の**阿弥陀如来**《あみだにょらい》、**薬師如来**《やくしにょらい》、**千手観音**《せんじゅかんのん》**と同一視**されました。のちに、それぞれの神が来世の救済、過去世の救済、現世の利益を司るという教義が成立し、天台宗系の修験道《しゅげんどう》に体系化されていきました〔⬇P128〕。

＊**応神天皇**：仲哀天皇と神功皇后の子。神託を受けた神功皇后が身重の体で新羅に外征し、帰国後に筑紫国（現在の福岡県）で応神天皇を生んだ。この地には宇美八幡宮が鎮座している。

仏や外国の神と同一視された神々

宇迦之御魂神《ウカノミタマノカミ》

須佐之男命《スサノオノミコト》と神大市比売《カムオオイチヒメ》との間に生まれた御子《みこ》。稲の霊を神格化し、稲荷神となった。

神徳 ◆五穀豊穣 ◆商売繁盛 ◆諸芸上達

主な神社 伏見稲荷大社（京都府京都市）
全国の稲荷社

誉田別尊《ホンダワケノミコト》（応神天皇《おうじん》）

第十四代仲哀《ちゅうあい》天皇と神功《じんぐう》皇后を両親にもつ。武家の棟梁たる源氏に信仰された。仏教の大菩薩の尊号で呼ばれた。

神徳 ◆勝運招来 ◆国家鎮護 ◆殖産興業

主な神社 宇佐神宮（大分県宇佐市）
鶴岡八幡宮（神奈川県鎌倉市）

熊野三所権現《クマノサンショゴンゲン》

家津御子《ケツミコ》（神徳は来世の加護）は阿弥陀如来《あみだにょらい》、速《ハヤ》玉大神《タマノオオカミ》（神徳は過去世の救済、当病平癒）は薬師《やくし》如来《にょらい》、牟須美大神《ムスビノオオカミ》（神徳は現世の利益）は千手観《せんじゅかん》音《のん》と同一であるといわれた。

牛頭天王《ゴズテンノウ》

インドから来た疫病の神。のちに須佐之男命《スサノオノミコト》と混同され、仏教では薬師如来と同一視される。

神徳 ◆疫病除け ◆厄除け ◆延命

主な神社 八坂神社（京都府京都市）
津島神社（愛知県津島市）

Q 神様のお供え物。絶対に食べちゃダメ?

ダメ or OK or 神社による（神様による）

祭祀《さいし》では供物《くもつ》（お供え物）としてお米と酒、果物が供えられます。こうした神に供える飲食物のことを「神饌《しんせん》」と呼びます。これは、食べ物を得られたことを神に感謝し、神に供えた食べ物がこれからも豊富に手に入れられるように、神に祈願しているのです。

さて、祭典が終わった後、私たち人間がこの供物を食べてもよいのでしょうか?

神様へのお供え物＝神饌の種類には、**食べ物を生のまま供える生饌《せいせん》**と、私たちの食事と同じように**調理してから供える熟饌《じゅくせん》**とがあります。神社での祭祀では、生饌として稲穂や洗米があり、熟饌には炊いたご飯や餅、酒などがあります。

米以外にも、生命の維持に欠かせない水や塩、野菜や果実、魚介類が神前に供えられることもあります。狩猟の獲物を供える祭祀もまれに存在します。例えば、長野県・諏訪湖の周辺に鎮座している諏訪大社の上社本宮《かみやしろもとみや》の御頭祭《おんとうさい》では、鳥と鹿肉、そして鹿頭が供えられます。

これらの神饌は、祭典が終わると神前から下げて、祭典の奉仕者や参加者に振る舞われ、皆でともに食べます。この神事を「**直会《なおらい》**」といいます。直会は神酒《みき》をいただくだけの簡単なものも多いですが、とても重要な神事です。直会の目的は、あらたまって神への供物をともに飲み、食すること（**神人共食《しんじんきょうしょく》**）で、**神と人、あるいは人と人を結びつけること**と考えられています。

ということで、答えは「OK」です。

神饌の内容

神饌とは、神様をもてなすときに、神様に供える飲食のこと。内容は神社によって異なり、その土地で祀る神様に最も喜ばれるものを供えた。

生饌《せいせん》
生のまま供えた神饌。

熟饌《じゅくせん》
調理して供えた神饌。

特殊な神饌の例

百味御食《ひゃくみおんじき》

談山《たんざん》神社（奈良県）の嘉吉祭《かきつさい》で供えられる神饌。米を彩色して円柱形に盛り付けるなど、精巧に美しく飾りつけられる。

御染御供《おそめごく》

春日大社《かすがたいしゃ》（奈良県）の若宮御祭《わかみやおんまつり》では、米を赤・青・黄色の三色に染め分け、円筒形に飾った神饌が捧げられる。

おだいもく

酒井神社と両社《りょうじゃ》神社（滋賀県）のおこぼまつりでは、「おだいもく」と呼ばれる餅と人形で飾り付けた神饌が供えられる。

怨念や功労で神になる？

07 人間神①

飛鳥～平安時代

歌人や陰陽師《おんみょうじ》、武将も神様に

日本では、**人間も神として祀られる**場合があります。この世に怨念《おんねん》を残して非業の死を遂げた人の祟りを鎮めるため、あるいは特に技能が傑出した人や目覚ましい功績を残した人にあやかるため、その人物を神として祀るのです。

日本最古の和歌集『万葉集《まんようしゅう》』の代表的歌人・**柿《かきの》本人麿《もとひとまろ》**も神となっています。人麿を祭神とする柿《かきの》本《もと》神社が各地にあり、和歌はもちろん学問、防火、夫婦和合の神として信仰を集めています。

藤原氏との政争に敗れ、太宰府に左遷された学者で政治家の**菅原道真《すがわらのみちざね》**は、死後に藤原氏の実力者が相次いで怪死する事件が起こりました。これが、道真の祟りとされ、天満大自在天神《テンマンダイジザイテンジン》（雷神）として崇められました。この神は無実の罪に陥れられた人を救う神として発展。今日では学問の神「天神様」として親しまれています。

晴明《せいめい》神社は、占いや呪術を司る陰陽師として有名な**安倍晴明《あべのせいめい》**を祀っています。厄除けや病気回復のご利益があるとして人気が高いです。

とりわけ強力な怨霊とされているのが、平安時代中期の武将・**平将門《たいらのまさかど》**です。関東を平定して新皇《しんのう》と名乗りますが、藤原秀郷《ふじわらのひでさと》らに鎮圧され首をはねられます。後に将門の首塚*で天変地異が頻発し、祟りと恐れられるようになりました。

将門を祀った神社は御首《おくび》神社など各地にあり、なかでも神田明神は、関東の守護神として信仰されています。

*将門の首塚：平将門の首は胴体を探して飛び去り、関東に落下したという伝説がある。その首塚は各地に見られ、特に東京都大手町の首塚は移転しようとすると祟りがあるとされる。

祟りを鎮めるため神様になった人物も

飛鳥～平安時代の人間神

菅原道真《すがわらのみちざね》

平安時代に活躍した学者。藤原時平の讒言《せんげん》により、大宰府に左遷され、配所で死去。その後、都で祟りが続き、北野天満宮に祀られた。

神徳 ◆受験合格 ◆学業成就 ◆病気平癒

主な神社 太宰府天満宮（福岡県太宰府市）
北野天満宮（京都府上京区）

柿本人麿《かきのもとひとまろ》

飛鳥時代の宮廷歌人で三十六歌仙に数えられる。しかし何かの理由で最後は石見国の役人として現地で亡くなった。流刑・死刑などの説もある。

神徳 ◆和歌上達 ◆学問・火災除 など

主な神社 柿本人麿神社（島根県益田市）
柿本神社（兵庫県明石市）

平将門《たいらのまさかど》

平安時代の武将。新皇を名乗り、関東で反乱を起こすも討伐される。しかし将門の首が怪異を起こすなど死後も怨霊として猛威をふるった。

神徳 ◆除災厄除 ◆武運招来 ◆関東守護

主な神社 神田明神（東京都千代田区）
国王神社（茨城県坂東市）

安倍晴明《あべのせいめい》

平安時代の陰陽師。朝廷の陰陽道を担った土御門《つちみかど》家の祖となる。晴明の死後に、屋敷があった一条戻り橋の近くに晴明神社が創建された。

神徳 ◆除災厄除 ◆病気平癒 ◆安産

主な神社 晴明神社（京都府京都市）
安倍晴明神社（大阪府大阪市）

蝉丸《せみまる》

百人一首の「これやこの行くも帰るも別れては知るも知らぬも逢坂の関」の歌で有名。滋賀県大津市の逢坂の関で庵を作って住んだ琵琶法師。

神徳 ◆諸芸上達

主な神社 関清水蝉丸神社（滋賀県大津市）

坂田金時《さかたのきんとき》

童話の「まさかりかついだ金太郎さん」は、坂田金時がモデルである。山姥と雷神の間にできた子とされ、酒呑童子《しゅてんどうじ》退治に加わったという。

神徳 ◆子育て守護 ◆子の健康祈願

主な神社 金時神社（神奈川県足柄下郡）
足柄神社（滋賀県長浜市）

写真提供／神田明神、晴明神社、国立国会図書館、著者

08 忠義を尽くして神になる？

人間神②

鎌倉～南北朝時代

神格化された悲劇の武将や天皇

白旗《しらはた》神社（神奈川県）は、悲劇の武将・**源義経**《みなもとのよしつね》を祀っています。兄・頼朝《よりとも》の命で海に捨てられたという義経の首は、潮に乗って川を上り、この神社の近くに流れ着き、この地で祀られるようになったと伝えられています。

南北朝時代の武将で、鎌倉幕府倒幕を推進して後醍醐《ごだいご》天皇の新政権樹立（建武《けんむ》の新政）に貢献した**楠木**《くすのき》**正成**《まさしげ》は、その忠誠心を後世の人々に語り継がれて英雄視されました。特に幕末期になって勤王の精神を再評価され、明治時代には終焉の地と伝えられる場所に、＊別格官幣社《べっかくかんぺいしゃ》として湊川《みなとがわ》神社が創建されることになりました。

同じく、後醍醐天皇の忠臣として有名な**新田**《にった》**義貞**《よしさだ》も神となっています。義貞は越前国藤島（現在の福井市）で戦死しましたが、江戸時代になり、義貞のものとされる兜《かぶと》が偶然発掘されたことがきっかけとなり、福井藩主・松平光通《まつだいらみつみち》がこの地に石碑を建立。明治時代になり、義貞を主祭神とする別格官幣社・藤島《ふじしま》神社がこの地に創建されました。また、群馬県太田市にある新田神社も、義貞を祀る神社として知られています。

彼らの盟主であった**後醍醐天皇**も、幕末～明治期の尊王攘夷思想に基づく＊南朝忠臣顕彰《なんちょうちゅうしんけんしょう》の機運に乗って神に祀られました。崩御後は吉水院《きっすいいん》に葬られ仏式で供養されていましたが、神仏分離令が発令されると後醍醐天皇社と改称され、官幣大社に昇格して吉野神宮となりました。

＊**別格官幣社**：神社の社格のひとつで、皇室が尊崇した神社、また国のために尽力した偉人を特別に祀る神社。戦後、この制度は廃止された。

＊**南朝忠臣顕彰**：明治政府が行った、南北朝時代の南朝の君臣を祀る神社の創建、贈位などの顕彰事業。

悲劇の人物も神様として祀られる

鎌倉~南北朝時代の人間神

楠木正成《くすのきまさしげ》

鎌倉時代末期に鎌倉幕府倒幕に尽力した武将。後醍醐天皇の建武の中興が破綻した後、天皇側について最後まで戦った忠義の武将。

神徳 ◆国家安泰 ◆開運招福 ◆諸願成就

主な神社 湊川神社（兵庫県神戸市）

源義経《みなもとのよしつね》

平安時代末期に活躍した武将。幼名を牛若丸といい、源平合戦で活躍し壇ノ浦で平家を滅ぼした。しかし兄の源頼朝の怒りを買い、滅ぼされた。

神徳 ◆学業成就 ◆社運隆昌

主な神社 白旗神社（神奈川県藤沢市）
義経神社（北海道沙流郡）

後醍醐天皇《ごだいごてんのう》

建武の新政を行うも、足利尊氏の離反により吉野に逃れ、南北朝に分かれた時代が始まった。その後、京都奪回を果たせずに吉野にて崩御する。

神徳 ◆国家鎮護

主な神社 吉野神宮（奈良県吉野郡）
吉水神社（奈良県吉野郡）

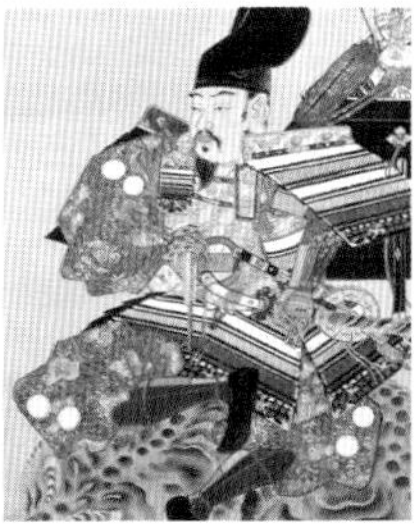

新田義貞《にったよしさだ》

後醍醐天皇の綸旨《りんじ》を賜り、鎌倉の北条氏を倒した。楠木正成とともに建武の新政に尽力する。しかし足利尊氏に敗北し、最後は越前藤島で戦死。

神徳 ◆国家安泰 ◆家内安全 ◆開運厄除

主な神社 藤島神社（福井県福井市）
新田神社（群馬県太田市）

写真提供／湊川神社、中尊寺、清浄光寺（遊行寺）、藤島神社

こぼれ話　水天宮に祀られた安徳天皇

安徳天皇は、平清盛の娘・建礼門院を母にもつ。3歳で即位するも源氏が台頭し、壇ノ浦の戦いで平家一門は壊滅、8歳で入水した。遺体は山口県の赤間神宮に流れ着いたとされる。のちに安徳天皇は久留米水天宮の祭神として、水の神、安産の神、子どもの守護として全国の水天宮に祀られた。

『小倉擬百人一首』に描かれた
安徳天皇（国立国会図書館蔵）

09 人間神③ 戦国時代

戦国武将、神になる？

信長は自ら神となることを望んだ？

織田信長は無神論者のイメージがありますが、熱田神宮《あつたじんぐう》に戦勝を祈願し、津島《つしま》神社の本殿造営をしていることから、まったくの無神論者だったわけではありません。

信長は安土城《あづちじょう》の敷地内に摠見寺《そうけんじ》を建立しています。この寺院は信長自身が御神体です。信長の死から三百年後、朝廷の儀式を復興した功績などが明治政府に評価され、信長を神として祀る神社が創建されます。江戸時代に織田家領地だった山形県天童市と、後に社寺を与えられた京都市に建勲《たけいさお》神社が建立されました。

豊臣秀吉は、死後に豊国大明神《とよくにだいみょうじん》という神号を朝廷から賜り、豊国《とよくに》神社（京都市）に祀られました。豊臣家滅亡後は徳川家の意向で神号が無効にされ、豊国神社は没落します。しかし徳川幕府が倒れた後、明治天皇によって再興されました。大阪市や名古屋市などにも、秀吉を祀る同名の神社が建立され、貧しい足軽から天下人に登りつめたことから、出世開運の神として信仰を集めています。

徳川家康も死後に東照大権現《とうしょうだいごんげん》の神号を賜り、栃木県の日光東照宮《にっこうとうしょうぐう》を始め、全国的に祀られています。徳川家の治世では、「東照神君」「権現様」などと呼ばれて崇拝されました。**武田信玄**《たけだしんげん》と**上杉謙信**《うえすぎけんしん》も、神に祀られています。信玄は大正天皇の即位記念を契機として、山梨県甲府市の武田神社の祭神に。謙信は山形県米沢市の上杉神社や新潟県上越市の春日山《かすがやま》神社などに祀られています。

神様となった戦国武将は多い

戦国時代の人間神

豊臣秀吉《とよとみひでよし》

死後、京都の阿弥《あみ》陀ヶ峰《だがみね》に廟所が作られ、朝廷より豊《とよ》国大明神《くにだいみょうじん》の神号が下賜され、豊国神社が創設。出世開運にご利益があるとされている。

神徳 ◆出世開運 ◆学業成就 ◆家内安全

主な神社 豊国神社（京都府京都市）、豊国神社（大阪府大阪市）など、全国の豊国神社

織田信長《おだのぶなが》

豊臣秀吉が信長の廟所《びょうしょ》に定めた京都市の船岡山の地に、建勲《たけいさお》神社が明治時代に創建された。長男の織田信忠とともに祀られる。

神徳 ◆国家安泰

主な神社 建勲神社（京都府京都市）
建勲神社（山形県天童市）

武田信玄《たけだしんげん》

大正天皇即位の際に、館のあった躑《つつ》躅ヶ崎館《じがさきやかた》跡に甲斐国の守護神として武田神社が創建された。勝運・産業・経済の神として崇敬を集める。

神徳 ◆甲斐国守護 ◆勝運招来

主な神社 武田神社（山梨県甲府市）

徳川家康《とくがわいえやす》

死後、久能山《くのうざん》に埋葬され、吉田神道によって神葬祭が行われる。しかし天海僧正によって東照大権現の神号が下賜され、日光山に改葬された。

神徳 ◆国家安泰 ◆病気平癒 ◆安産

主な神社 日光東照宮（栃木県日光市）など
全国の東照宮

上杉謙信《うえすぎけんしん》

上杉神社は、米沢城本丸跡地に建つ。上杉謙信の遺骸を安置していた御堂が、明治時代に入り仏式から神式に改められ、社殿が建てられた。

神徳 ◆諸願成就

主な神社 上杉神社（山形県米沢市）
春日山神社（新潟県上越市）

こぼれ話 政治権力者が祀られるように

戦国時代は豊臣秀吉など、国家鎮護の意味から、死後に神号が追贈されて、神として祀られる場合があった。また戦国時代からずっと後に、神として祀られる場合もある。これらは傑出した人物を神として崇め、その力を分けてもらうために祀られた。

写真提供／高台寺、
神戸市立博物館、米沢市上杉博物館、
堺市博物館、山梨県立博物館

10 人間神 ④ 江戸時代～近代

時代ごとの英雄も神に？

明治天皇や幕末の志士も祀られる

薪を背負い歩きながら読書をする姿で有名な**二宮金次郎**（尊徳）は農村救済の功績が評価され、明治二十四（1894）年に従四位の官位を贈られました。尊徳の弟子たちは報徳社《ほうとくしゃ》を設立し、生誕地の神奈川県小田原市に報徳二宮《ほうとくにのみや》神社を創建して神として祀りました。尊徳終焉地の栃木県日光市、神奈川県相模原市にも同名の神社があります。

幕末維新の登場人物にも、神と祀られた人は少なくありません。松下村塾《しょうかそんじゅく》で幕末～明治期に活躍する多くの人材を輩出した**吉田松陰**《よしだしょういん》は、松陰の墓所がある東京都世田谷区と、生誕地である山口県萩市に松陰神社が建立され、神として祀られました。ほかにも、維新三傑の一人である**西郷隆盛**《さいごうたかもり》も、鹿児島市の南洲《なんしゅう》神社に祀られています。

明治天皇は、東京都渋谷区代々木の明治神宮に祀られています。明治天皇の皇后・昭憲《しょうけん》皇太后の崩御後、その遺徳を偲《しの》ぶためにお二人を祀る神社を建立しようという機運が国民の間で高まり、大正九（1920）年十一月に明治神宮が造営されました。

日露戦争の英雄で、軍神と称えられた陸軍大将の**乃木希典**《のぎまれすけ》と海軍大将の**東郷平八郎**《とうごうへいはちろう》は、大正～昭和期の功績が顕彰され神格化されました。希典は東京都港区の乃木神社*に、平八郎は渋谷区の東郷神社*にそれぞれ祀られています。希典は夫婦そろって明治天皇に殉じたことで、夫婦愛の神として称えられています。東郷は勝利の神として祀られ、勝運のパワースポットとして人気があります。

＊**乃木神社と東郷神社**：希典と平八郎の勝運にあやかり、これらの神社では必勝祈願の勝守《かちまもり》を授与している。特に東郷神社の勝守は、大日本帝国海軍のZ旗があしらわれている。

その時代に活躍した人物も神様に

江戸時代~近代の人間神

吉田松陰《よしだしょういん》

松下村塾を主宰して維新の指導者を出す。安政の大獄で刑死すると、門下生によって遺体が世田谷の若林に改葬され、のちに松陰神社となった。

神徳 ◆勉学成就

主な神社 松陰神社（東京都世田谷区）
松陰神社（山口県萩市）

二宮尊徳《にのみやそんとく》

幼少から勉学に励み、のちに農政改革によって藩の財政再建と領民救済を行う。報徳二宮神社は、尊徳の教えを慕う人々によって創建された。

神徳 ◆経済再建　◆産業発展　◆勤勉の手本

主な神社 報徳二宮神社（神奈川県小田原市）

明治天皇《めいじてんのう》

王政復古の大号令を出し、明治近代国家の確立を推進した。崩御後、国民の御神霊をお祀りしたいとの声で、東京に明治神宮が創建された。

神徳 ◆国家安泰　◆家内安全

主な神社 明治神宮（東京都渋谷区）

西郷隆盛《さいごうたかもり》

維新を主導した薩摩藩士。西南戦争で戦死すると、墓に参拝する人々が増えたため、参拝所が設けられたのが、のちに南洲神社となった。

神徳 ー

主な神社 南洲神社（鹿児島県鹿児島市）

東郷平八郎《とうごうへいはちろう》

日露戦争でロシアのバルチック艦隊を破った海軍司令官。死後に、日露戦争の英雄を顕彰する動きが出て、東郷神社が創建された。

神徳 ◆勝運招来　◆強運

主な神社 東郷神社（東京都渋谷区）
東郷神社（福岡県福津市）

乃木希典《のぎまれすけ》

日露戦争で旅順攻略で多くの犠牲を出した。その後、学習院院長となり、若き昭和天皇に影響を与える。明治天皇大葬当日、妻と殉死した。

神徳 ◆文武両道　◆夫婦和合　◆勝運招来

主な神社 乃木神社（東京都港区）
乃木神社（山口県下関市）

写真提供／報徳博物館、松陰神社、国立国会図書館、著者祟りを鎮める?

11 御霊《ごりょう》神社

権力の座を追われた人の霊を鎮める

古来、怨念《おんねん》をもって亡くなった人の霊が災厄《さいやく》をもたらすと信じられてきました。これを**御霊**と呼んで恐れ、**その霊を鎮めるために神として祀ってきました**。

桓武《かんむ》天皇の弟・**早良《さわら》親王**は、藤原種継《ふじわらのたねつぐ》の暗殺に関与したとして皇太子の地位につけず流刑に。親王の死後、まもなく疫病の流行や災害、反乱などが発生し、これらが親王の祟りだと恐れられました。そこで桓武天皇は弟に「**崇道《すどう》天皇**」の名を贈り、大和（現在の奈良県）に改葬してその怨霊を鎮めたといいます。

御霊を鎮めるための**御霊神社**は各地で建立されました。**下御霊神社**《しもごりょう》（京都市）では、崇道《すどう》天皇（早良《さわら》親王）、桓武《かんむ》天皇の皇子・伊予《いよ》親王、その母の藤原大夫人《たいふじん》（藤原吉子《よしこ》）、藤大夫《とうだいぶ》（藤原広嗣《ひろつぐ》）、橘《きつ》大夫《だいぶ》（橘逸勢《たちばなのはやなり》）、文大夫《ぶんだいぶ》（文屋宮田麿《ぶんやみやたまろ》）、火雷天神《からいのてんじん》、吉備聖霊《きびのしょうりょう》が「**八所御霊**《はっしょごりょう》」として祀られています。

また、**崇徳上皇**《すとくじょうこう》は、保元《ほうげん》の乱で弟の後白河《ごしらかわ》天皇に敗れて讃岐《さぬき》（現在の香川県）に流されました。上皇の死後、祟りを恐れた後白河天皇が上皇を祀る御影堂《みえいどう》を建立しました。

鎌倉市の鶴岡八幡宮の後方・東谷にある今宮《いまみや》には、鎌倉幕府打倒に失敗して追放された**後鳥羽**《ごとば》**上皇**が祀られていますが、これも上皇の御霊を鎮めるために創建されたもの。足利尊氏と対立し、後に処刑された後醍醐天皇の子・**護良《もりよし》親王**も、同じく鎌倉市の鎌倉宮《かまくらぐう》に祀られています。

御霊神社に祀られる御霊神

御霊神社と八所御霊

平安時代に疫病が流行し神泉苑《しんせんえん》で疫病退散の御霊会《ごりょうえ》を催したのが、御霊神社の始まりとされる。

▶下御霊神社
（写真提供／下御霊神社）

八所御霊とは　神社によって異なるが、下御霊神社では、神泉苑で行われた御霊会で祀られた六座と、それに二座を加えた「八所御霊」を祀っている。

崇道天皇《すどうてんのう》（早良親王《さわらしんのう》）
桓武天皇の同母弟で皇太子だった、早良親王のこと。藤原種継暗殺事件で連座される。無実を訴えて、憤死した。

伊予親王《いよしんのう》
桓武天皇の皇子で、母は藤原大夫人。桓武天皇没後に、謀反の陰謀に巻き込まれて幽閉され、母と共に毒を飲んだ。

藤原大夫人《ふじわらだいふじん》（藤原吉子《よしこ》）
桓武天皇の夫人。彼女の生んだ伊予親王は桓武天皇の寵愛を受けたが、陰謀に巻き込まれて幽閉され、飲食を断たれ、自害した。

藤大夫《とうだいぶ》（藤原《ふじわらの》広嗣《ひろつぐ》）
奈良時代の公卿。大宰府で任についたとき、朝廷の改革と乱臣の排除を狙って筑紫国《つくしのくに》で挙兵。討伐軍に敗れて、処刑された。

橘大夫《きつだいぶ》（橘逸勢《はやなり》）
平安時代の官人・橘逸勢。別の親王を皇太子にしようと画策するも、逮捕される。配流先に向かう途中で病没する。

文大夫《ぶんだいぶ》（文屋《ふんやの》宮田麿《みやたまろ》）
平安時代初期の官人・文屋宮田麿のこと。謀反の罪により、伊豆国へ配流されたが、のちに無実が判明する。

火雷天神《からいのてんじん》
下御霊神社では、崇道天皇、伊予親王、藤原大夫人、藤大夫、橘大夫、文大夫の御霊の荒魂《あらみたま》のこと。

吉備聖霊《きびのしょうりょう》
下御霊神社では、崇道天皇、伊予親王、藤原大夫人、藤大夫、橘大夫、文大夫の御霊の和魂《にぎみたま》のこと。

12 みんな大好き？ 七《シチ》福《フク》神《ジン》

出自もバラエティに富んだ神々

福を招く**七福神**は、都市部の商人の間で室町時代に成立しましたが、現在の顔ぶれとなるのは江戸の初期で、それが全国に広まりました〔図1〕。

商売繁盛で人気の**恵比寿**《エビス》は、唯一の日本生まれの神。もとは水蛭子神《ヒルコノカミ》でしたが〔➡P52〕、中世になると漁業や農業の神ともされています。打出の小槌と袋を持ち、財宝と食物の守護神とされる**大黒天**《ダイコクテン》は、もとインドのシヴァ神*ともいわれ、日本の大国主神《オオクニヌシノカミ》〔➡P56〕と同一視されました。上杉謙信《うえすぎけんしん》が信仰したことで知られる**毘沙門天**《ビシャモンテン》は、北方守護の軍神。またインドの河の女神**弁財天**《ベンザイテン》は、日本では琵琶を持ち音楽・芸能の神となりました。**布袋**《ホテイ》は中国の唐代の契此《けいし》という僧がモデル。物欲を離れて楽しみながら一生を送ったことから福の神として信仰されるようになったといいます。**福禄寿**《フクロクジュ》と**寿老人**《ジュロウジン》はともに南極老人《なんきょくろうじん》（人の寿命を司る南極星が神格化されたもの）がモデルとされるので同一視されます。なお、寿老人の代わりに吉祥天《キッショウテン》が入る場合もあります。

ちなみに、室町時代から流行したという**京都発祥の七福神巡り**もあります〔図2〕。

こぼれ話　七福神と正月

七福神は財宝や幸福を積んだ宝船に乗った姿で表されることが多い。これは古来、日本人は幸福が海のかなたの異郷からもたらされると信じていたからだ。七福神は、福をもたらしてくれる縁起のよい神々として、毎年正月には初詣を兼ねて、七福神を祀った社寺を順に参拝してまわる「七福神巡り」が行われてきた。

*シヴァ神：ヒンドゥー教で主要な三神の一柱で、破壊と再生を司る。世界の寿命が尽きたとき、世界を破壊して、次の世界創造に備える役目をもつという。大黒天は、このようなシヴァ神の化身とされた。

室町時代が起源の七福神信仰

七福神の神々〔図1〕 七福神は、いろいろな国の神様が由来となっている。

七福神	由来
恵比寿《エビス》	西宮《にしのみや》神社の祭神・水蛭子神《ヒルコノカミ》が元となった。海運守護・商売繁盛。
大黒天《ダイコクテン》	インドのシヴァ神の化身。のちに大国主神《オオクニヌシノカミ》と同一視された。
毘沙門天《ビシャモンテン》	北方世界を守護し、財宝を守る。仏法を守る守護神としても信仰。
弁財天《ベンザイテン》	インドで河の神・雄弁・学問の神だったが、日本で福神となった。
福禄寿《フクロクジュ》	道教で理想とする幸福・封禄《ほうろく》・長寿を司る。南極星の化身。
寿老人《ジュロウジン》	長寿を司る神で、福禄寿と同一とされ、南極星の化身とされる。
布袋《ホテイ》	十世紀初頭の中国の禅僧・契此《かいし》がモデル。

京都が発祥の七福神巡り〔図2〕

京都の7つの社寺にはそれぞれ七福神が祀られ、7か所を巡る七福神巡りが室町時代から流行した。

▲『貼交七福神図』(日本銀行貨幣博物館蔵)

Q 還暦で「赤いちゃんちゃんこ」を着るのはどうして？

シブい！
カッコイイ！
赤ちゃん！
よっ長寿！

赤に「長寿」の意味がある or 赤ちゃんにあやかって or 渋いから

七五三や成人、長寿など、人生の節目節目で神社にお参りしたりしますよね。中でも長寿の祝いには、当人の健康と息災を祝うだけでなく、周囲の人々が長寿の運を分けてもらう意味があります。

長寿の祝いには61歳を祝う「還暦」があります。還暦では、当人に赤いちゃんちゃんこを贈るという風習がありますが、なぜでしょうか？

長寿を祝う行事

年祝い	年齢	内　容
還暦《かんれき》	61歳	干支が六十年で再び生まれた年に戻るため。
古稀《こき》	70歳	杜甫《とほ》の「人生七十、古来稀なり」という一節より。
喜寿《きじゅ》	77歳	喜の草書体「㐂」が七十七と読めることから。
傘寿《さんじゅ》	80歳	「傘」の略字「仐」が八十に見えることから。
半寿《はんじゅ》	81歳	「八十一」の字を合わせると「半」になることから。
米寿《べいじゅ》	88歳	米の字を分解すると八十八になることから。
卒寿《そつじゅ》	90歳	卒の略字「卆」が「九十」に分解できることから。
白寿《はくじゅ》	99歳	「百」から「一」を引くと「白」になることから。

長寿を祝う風習は中国から伝来し、平安時代には、「算賀《さんが》」という儀式が行われるようになりました。室町時代末期には「還暦《かんれき》」「古稀《こき》」「喜寿《きじゅ》」といった呼び方が生まれ、江戸時代には、長寿を祝う風習が庶民の間に広まりました。

昔は平均寿命が40歳程度でしたので、**40歳が人生の大きな節目と考えられてきました。**そのため、節目となる40歳から始めて、10歳年をとるごとに長寿を祝う儀式が行われてきたのです。現代では平均寿命が伸びているので、61歳を節目に上図のような長寿の祝いが一般的となっています。

還暦は「**本卦《ほんけ》還《がえ》り**」ともいわれ、干支が60年で一巡し、生まれた年と同じ干支が巡って来るということを意味します。そこから、生まれたばかりの「赤ちゃん」に戻るという意味で、赤い頭巾、ちゃんちゃんこなどを贈る風習が生まれたのです。

ですので、正解は「赤ちゃんにあやかって」です。

「災厄の年」は「役年」か？

厄年

人は一生に3度、「厄年《やくどし》」を通過するといいます。地方によって異なりますが、男性は数え年*で25歳、42歳、61歳。女性は19歳、33歳、37歳を厄年とすることが一般的です。

中でも男性の42歳と女性の33歳は「本厄《ほんやく》」といい、最も運気が低迷する年といわれてきました。本厄の前年を「前厄《まえやく》」、後年を「後厄《あとやく》」として、この3年間は人生の中でも注意すべき時期として、昔から恐れられてきたのです。

厄年には、十二支と密接な関わりがあります。生まれ年の干支が巡って来る前に、溜まった厄や身の穢《けが》れを祓い清め、疲弊した生命力を甦らせて、新たな12年を迎える…といった意味合いがあるのです。

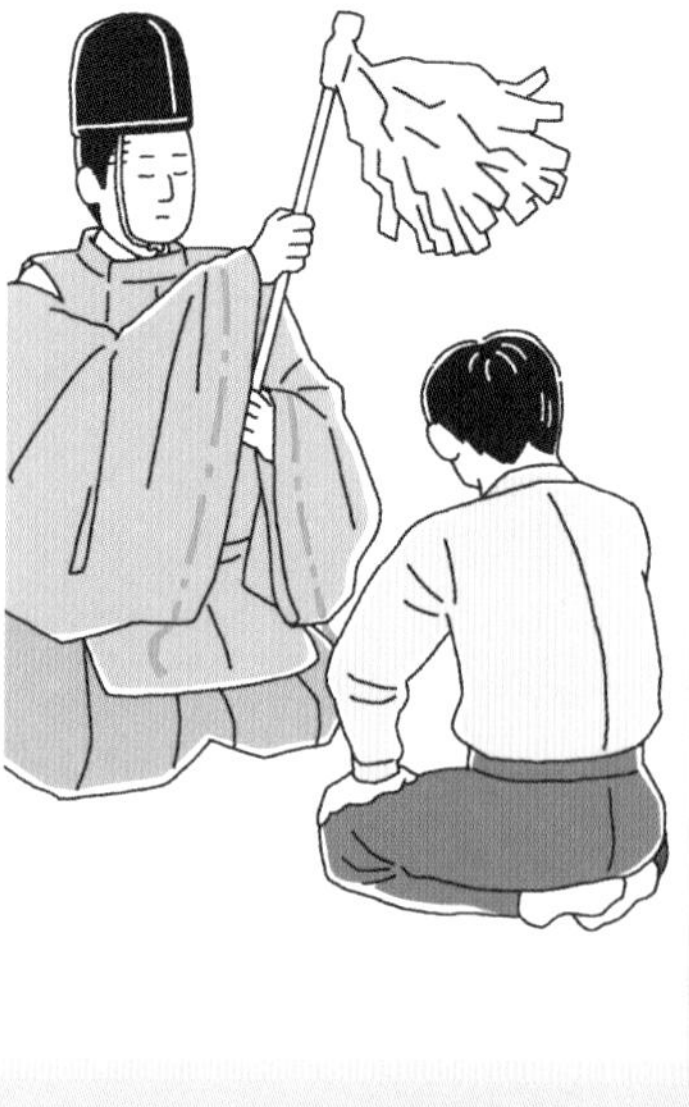

また、「厄年」は、悪い意味ばかりではないという考え方もあります。民俗学者の柳田国男《やなぎたくにお》によれば、「厄」という言葉には「役」の意味もあり、本来の「厄年」は、神社の神事に奉仕する「神役《しんやく》」を与えられる年齢と説明しています。

神事を任されることは、社会的に重要な地位に就くこと。「厄年」とはいわば、重要な役目をもらう「役年」でもあるのです。その意味で、厄年とはまさに人生の転機であり、ピンチをチャンスに変えて大きく飛躍する年ともいえるでしょう。

*数え年：数え年とは、年齢の数え方のひとつ。生まれた年を1歳とし、以後正月を迎えるごとに1歳を加える年齢のこと。つまり、12月に生まれた場合は翌月には2歳と数えられる。

3章

なるほど！とわかる 神社のしくみ

神社は、神様のための空間です。神様を祀るための施設として、基本的な建物や配置は、どの神社も共通しています。社殿や鳥居、神職の役割など、神社にまつわるしくみを紹介します。

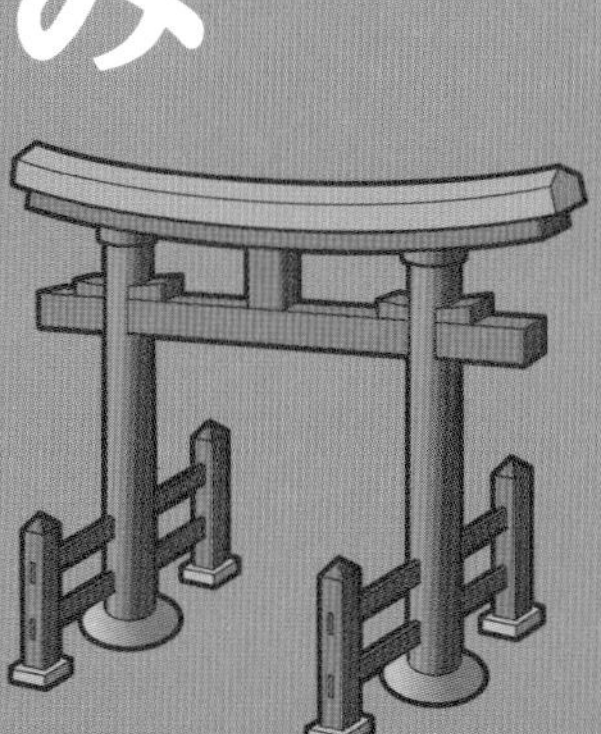

神社はどのようにしてできた？

01 神社の発祥

神社とは「神のための空間」

神社を意味する言葉には、**宮**《みや》（**御屋**《みや》）、**社**《やしろ》（**屋代**《やしろ》）、**祠**《ほこら》（**秀倉**《ほくら》）などがあります。中でも「社《やしろ》」の「や」は「弥《いや》」の訳で「ますます」を意味し、「しろ」は「城」で、神が占有する一定の区域を指します。**「ヤシロ」は人間が足を踏み入れることが許されない神のための一定の空間という意味**です。

さらに「**神社**」や「**社**」を「**もり**」と読んだ例もあります。その意味は「やしろ」とほぼ同義と考えられています。日本最古の歌集『万葉集《まんようしゅう》』には「木綿《ゆふ》懸《か》けて齊《いは》ふこの神社《もり》」や「木綿《ゆふ》懸《か》けて祭る＊三諸《みもろ》の神《かむ》さびて」という歌があります。この歌は「＊榊《さかき》に白い木綿《ゆう》をかけて神を祀る」ということ。**榊**《さかき》**は聖なる神域と俗なる人間の世界との境目にある常緑樹**で、そこが神の占有地であることを示しているのです〔図1〕。

神社の森を「鎮守《ちんじゅ》の森」といいますが、元来「森」に神の座所の意味はありません。「もり」は人の立ち入りが許されなかったので、そこがおのずと森になったのです。つまり**神社の本質とは、人をはじめ鳥や獣でさえも踏み込むことを禁じられた聖地**。その本質を守るために榊を立たせて、そこが禁足地《きんそくち》であることを示したのです。

さらに鳥居《とりい》、注連縄《しめなわ》、玉垣《たまがき》などを設けて、神の空間を示しました〔図2〕。神社は「神を祀るために設けられた建物、または施設の総称」と定義されていますが、これは神社の建物（社殿建築）に視点を置いた説明となります。

＊三諸：神霊が鎮まるところを意味する。
＊榊：日本で作られた漢字（国字）。「木」＋「神」で、神事に用いる重要な樹木。聖なる空間と俗なる空間の境目の木、すなわち「境木《さかき》」という意味だ。

神社とはいったい何か？

神社を意味する言葉〔図1〕

神社を意味する言葉は、それぞれ「神を祀る場所」を表している。

神社《じんじゃ》

現在は「じんじゃ」と読むのが一般的だが、最古の歌集『万葉集』では「神社」を「もり*」と読んでいる。

宮《みや》

「みや」は「御《み》屋《や》」との意。すでに建てられた社殿を意味し、伊勢神宮など格別の神社に用いられた社号。

社《やしろ》

「やしろ」の「や」は接頭語です。「しろ」は神が占有する一定の空間との意味。また「社」も『万葉集』では「もり」と読んだ。

祠《ほこら》

「ほこら」の語源は「秀《ほ》倉《くら》」といわれる。祠は神を祀る小規模な建造物を意味している。

神社の発生の過程〔図2〕

神社の本質とは、森や建物自体を指すのではなく、神が占有する聖なる一定の空間そのもののこと。

1

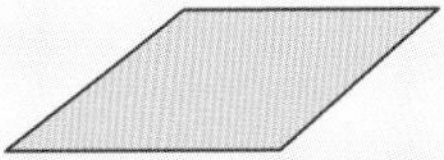

元来は神霊の降臨する空間。人間をはじめ、鳥獣にいたるまで侵入を禁じた禁足地であり、神のための聖なる一定の空間だった。

2

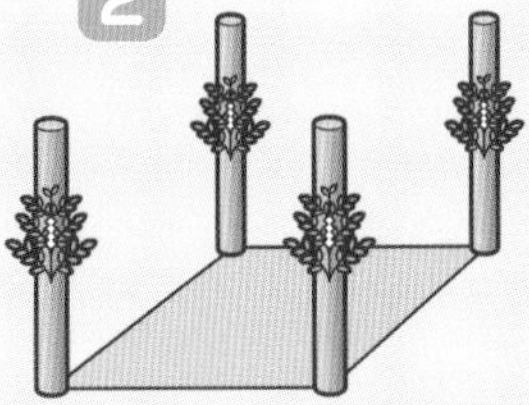

神の聖なる一定の空間と、人間の俗なる空間の境に「境木＝榊」を立てて、俗なる空間との境界の目印とした。

3

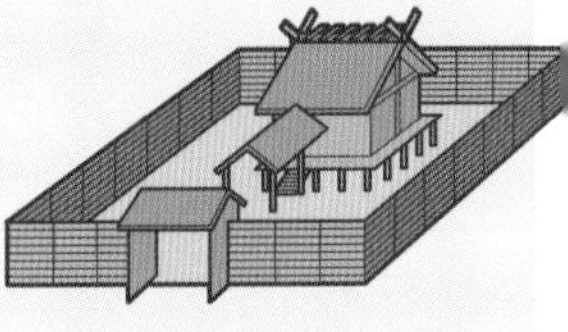

玉垣を巡らせ、神の一定の空間を守った。さらに仏教寺院の影響で社殿が造立され、神霊を祀るための常設の建造物が建てられた。

*もり：「もり」とは必ずしも木の生えた森ではなく、神のための空間を意味した。そこは人の立ち入りを禁止していたので、自然と樹木が茂って森となった。

02 神社の社格《しゃかく》

ランク付けで待遇が違った？

明治時代まであった社格制度

全国の神社は、いずれも社格（神社の格式）といわれる一種の格式をもっていました。社格の歴史は古く、『日本書紀』崇神紀七年の条に「天社《あまつやしろ》・国社《くにやしろ》」を定めたとあります。律令制下では社格制度が整えられ、＊神祇官《じんぎかん》で行われる祈年祭《きねんさい》で＊幣帛《へいはく》を受ける神社を「**官社**《かんしゃ》」と称しました。そのうち、神祇官から幣帛を受ける「**官幣社**《かんぺいしゃ》」と、国司から幣帛を受ける「**国幣社**《こくへいしゃ》」とに分かれ、それぞれを大社《たいしゃ》と小社《しょうしゃ》に区分したのです（図1）。

また『＊延喜式神名帳《えんぎしきじんみょうちょう》』に記載される神社を式内《しきない》社《しゃ》と呼びますが、これも一種の社格です。これらの神社は2861社あり、そのうち官幣社は573社、国幣社は2288社あります。神社に格式が決まると社格のランク付けがされて、幣帛などの待遇も定められていました。

明治時代にも政府に神祇官が置かれ、近代社格制度が整えられます。**神社は、官社と諸社（民社）に分けられました。**官社は官幣と国幣に分けられ、それぞれに大・中・小社があり、官幣小社と同様の待遇を受けた別格官幣社という社格も設けられました。なお伊勢神宮（正称は「神宮」）は本宗と仰いでいるので、社格対象外とされました。

また、**官社以外の神社は「諸社《しょしゃ》」と呼ばれ、府《ふ》社《しゃ》・藩社《はんしゃ》・県社《けんしゃ》・郷社《ごうしゃ》・村社《そんしゃ》・無格社《むかくしゃ》に分けられました**（図2）。**社格制度は昭和二十一年に廃止さ**れますが、その歴史を重視する姿勢は変わらず、旧社格の思想は現在も残っています。

＊神祇官：律令制の下で神祇行政を司った役所。諸国の官社を統括した。
＊幣帛：神様へのお供え物の総称。
＊『延喜式神名帳』：『延喜式』の巻九・巻十の「神名式」のこと。

国が定めた神社のランク

平安時代に定められた社格〔図1〕

平安時代に定められた『延喜式神名帳』には、官社の名簿が記されている。ここに記載されている国家に認定された神社を式内社といい、2861社存在した。

明治時代に定められた社格〔図2〕

明治時代になると、新政府によって神社の格式が定められた。神社の格式は官社と諸社に分けられた。現在は神社の社格は廃止され、旧社格として残る。

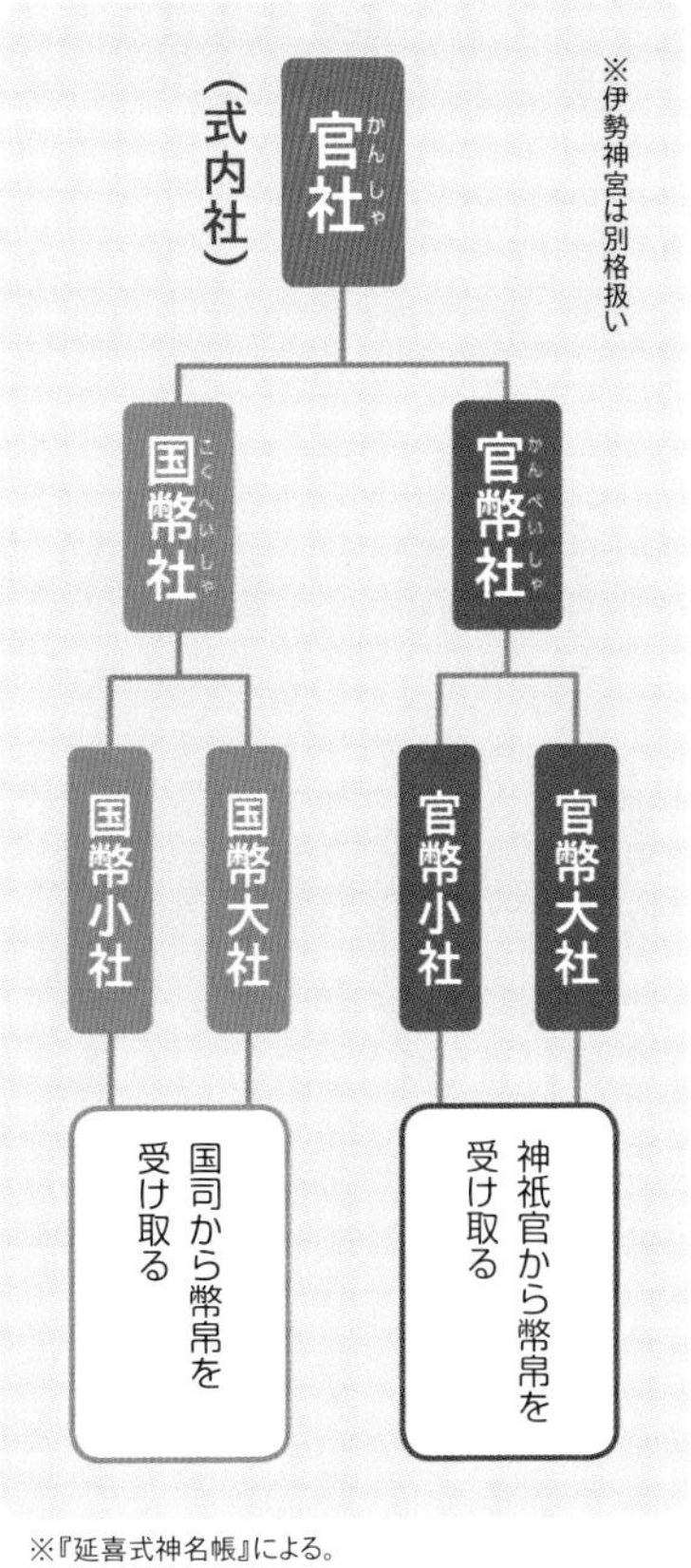

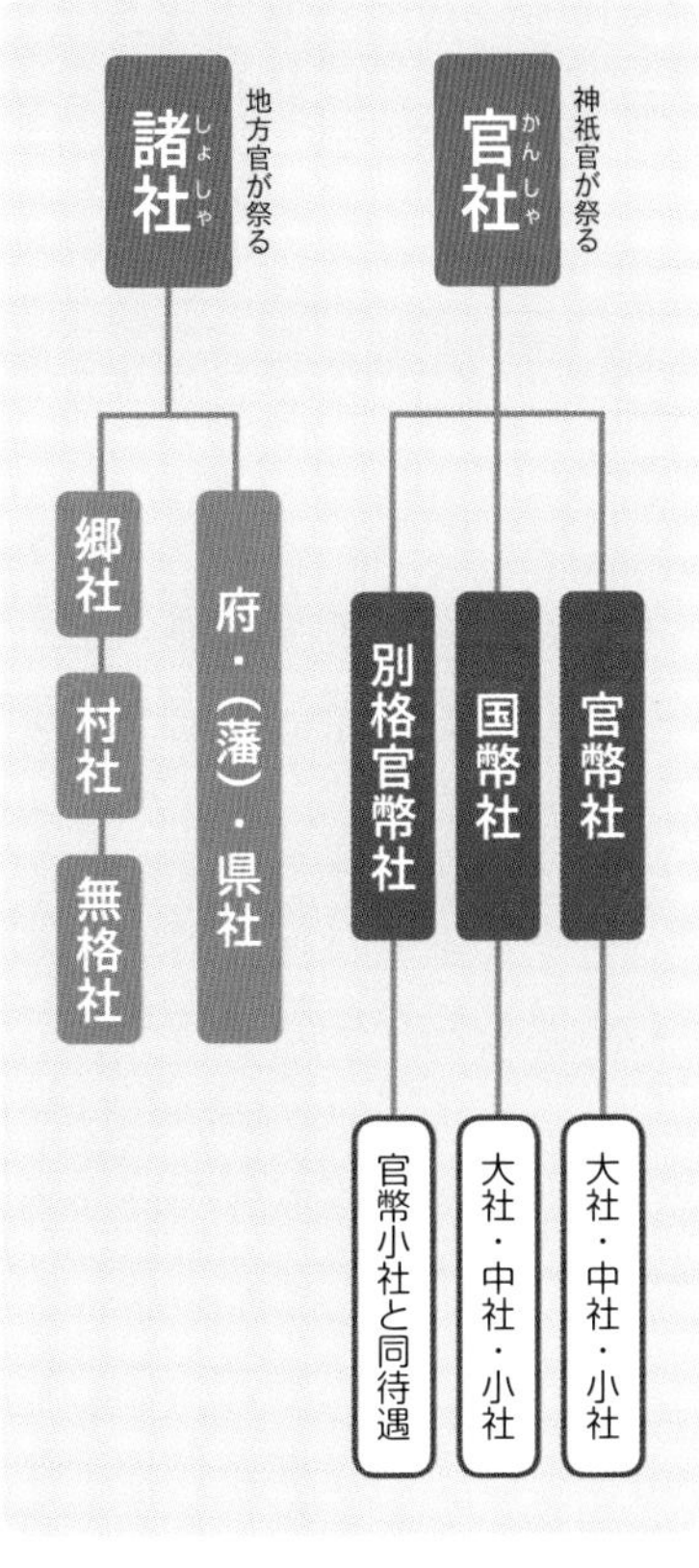

※『延喜式神名帳』による。

03 いろんな種類がある？ 御神体とは

御神体とは、神霊が宿る物体のこと

神は祭のたびごとに、はるか海の彼方の常世《とこよ》の国から来訪して人々に祝福をもたらし、祭が終わると再び常世の国へ帰るもの…と考えられていました。このような神を、国文学者・民俗学者の折口信夫《おりくちしのぶ》は「**まれびと**」と名づけました。つまり、**神は神社に常にいるのではなく、祭の際に降臨する**ということ。そのとき神霊が寄りつく有体物が、神社の本殿の内陣に安置されている御神体《ごしんたい》です。

　御神体は神そのものではありませんが、神霊が宿ると神そのものとなります。つまり、御神体とは「依代《よりしろ》」の一種で、その神社に祀られる祭神と御神体とは同一ではありません。

　御神体という言葉は神体を尊んだ言い方で、依代、御霊代《みたましろ》、御正体《みしょうたい》、御体《ぎょたい》、霊御形《みたまのみかた》なども同じ意味です。また、**御神体は神社によってさまざまで、山や樹木、岩、滝などの自然物を御神体としている神社もあります**。このうち山の場合、古くは神《かん》＊奈備山《なびやま》・御室山《みむろやま》と呼ばれましたが、現代では神体《しんたい》山《ざん》と呼ばれます。樹木の場合は神木《しんぼく》・神樹《しんじゅ》、岩の場合は磐座《いわくら》・磐境《いわさか》と呼ばれました。自然物を御神体とする神社には、三輪山《みわやま》を御神体とした大神《おおみわ》神社があります。

　社殿が設けられるようになると、**本殿内に御神体が安置**されるようになります。鏡、剣、勾玉《まがたま》、弓・矢、御幣《ごへい》などです。たとえば三種の神器〔⬇P44〕の八咫鏡《やたのかがみ》は伊勢神宮（内宮）の御神体、草薙神剣《くさなぎのつるぎ》は熱田神宮の御霊代です。

＊神奈備山：神霊が鎮座する山や丘や森のこと。

いろいろな御神体とその変化

御神体に神霊が宿ると神そのものになる。時代によって御神体も変化した。

古代では、石や山、木などの自然物に神霊が降臨し、依りつくと考えられた。

→

社殿が設けられるようになると、本殿の内陣に御神体を安置するようになる。

磐座

神が降臨する霊石のこと。

山

山そのものが御神体。

御神木

神霊が降臨する樹木。

御幣

社殿内に置かれる神の依代。

鏡

日神の象徴とされる。

神像《しんぞう》

神の姿を彫った像。

主な神社の御神体

04 社殿の配置

基本的なしくみは同じ？

神社にはさまざまな建造物がある

社格《しゃかく》や御神体《ごしんたい》などは神社によって異なりますが、**神社の建物（社殿）や配置などには共通する点が多くあります。**

一般的な社殿配置では、入口に**鳥居**《とりい》〔⇩P98〕があり、それをくぐって**参道**《さんどう》〔⇩P110〕を歩くと、両側に**灯籠**《とうろう》〔⇩P108〕が置かれ、その脇にきれいな水をたたえた**手水舎**《てみずや》〔⇩P108〕、古くなったお札やお守りを納める**古札納所**《こさつおさめしょ》があります。さらに進むと、神社の業務を執り行う**社務所**《しゃむしょ》や神に奉納する歌舞《かぶ》を奏《そう》する**神楽殿**《かぐらでん》もあります。神社の境内には、境内神社があり、これらは**摂社**《せっしゃ》と**末社**《まっしゃ》とに分けられます。

参道が終わったところには**拝殿**《はいでん》〔⇩P94〕があり、一般的な神社では拝殿の左右に**狛犬**《こまいぬ》〔⇩P104〕を配置し、前に賽銭箱《さいせんばこ》があり、その上に大きな鈴が吊るしてあります。鈴には鈴緒《すずお》・叶緒《かねのお》という紅白や五色の長いひもがたらしてあり、参拝者が引いて鈴を鳴らし、賽銭箱に賽銭を投げ入れて願いが叶うように祈ります。

拝殿の奥には**本殿**《ほんでん》〔⇩P90〕があり、本殿と拝殿の中間に神に幣帛をささげる幣殿《へいでん》があります。本殿は内陣《ないじん》と外陣《げじん》に分かれています。内陣には御神体〔⇩P84〕が安置されており、**本殿は神社の中で最も神聖な建物**です。玉垣《たまがき》〔⇩P108〕をめぐらしてある場合が多く、中に入ることは厳しく禁止されています。場合によっては本殿ないし拝殿の脇に、神饌《しんせん》を調える神饌所《しんせんじょ》*を設けている神社もあります。

＊神饌所：神に供える御饌や御酒を調理するための建物。

参道、本殿…神社の建物の共通点

社殿の配置と名称

社殿（神社の建物）の配置は、共通している点が多い。

❶ 鳥居《とりい》	聖なる世界である神社の入口を示す門（➡P98）。
❷ 灯籠《とうろう》	社殿の内や、参道の両側に置かれ、灯火を献じる（➡P108）。
❸ 参道《さんどう》	参拝者の道だが、中央は正中《せいちゅう》といって神の道とされており歩くのは禁物（➡P110）。
❹ 手水舎《てみずや》	参拝者が手を洗い、口をすすぐための水盤を置く（➡P108）。
❺ 古札納所《こさつおさめしょ》	古いお札やお守りを納める建物。
❻ 社務所《しゃむしょ》	神社の業務を執り行う。正式参拝の申し込みはここで行う。
❼ 神楽殿《かぐらでん》	神楽を奏すための屋根つきの殿舎。
❽ 摂社《せっしゃ》・末社《まっしゃ》	主祭神と縁故関係にある神や*地主神等を祀った境内の神社。
❾ 拝殿《はいでん》	神を拝礼するための建物（➡P94）。
❿ 狛犬《こまいぬ》	神域への魔の侵入を防ぎ、神を守護する霊獣（➡P104）。
⓫ 本殿《ほんでん》	神霊を祀るための神社で最も神聖で重要な建物（➡P90）。

＊地主神：元来、その土地を守護してきた神のことを指す。新たに外から大きな神を迎えると、末社になっていく場合が多い。

選んでわかる！
神様と神社
⑥

Q

神社にある手水舎《てみずや》の水。これって飲んでもいいもの？

ダメ　or　いい

　神社を参拝する際には、いくつかのマナーが必要です。例えば、鳥居をくぐるときは軽く一礼し、正中《せいちゅう》と呼ばれる参道の中央は、神様のための道なので避けて通ります。

　さて、神社には水とひしゃくの置かれた手水舎があります。どんな用途のための設備かわかりますか？　ひしゃくですくって、水を飲んでもよいものでしょうか？

手水の作法

1 手水舎の前で浅く一礼する。

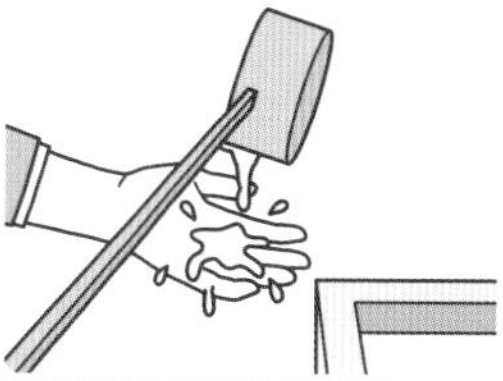
2 右手でひしゃくを取り、水をくんで、まず左手を清める。

3 左手にひしゃくを持ちかえて、右手を清める。

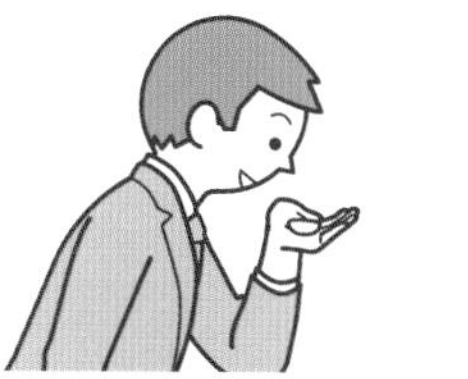
4 左手をコの字状に丸めて、水を受けて、口を清める。

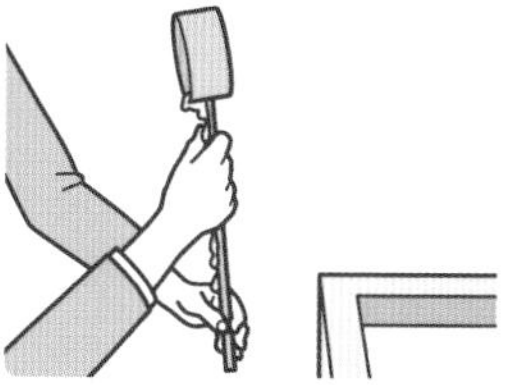
5 ひしゃくを立てて、残った水を流して柄を清める。

6 ひしゃくをもとの場所に伏せて戻す。

手水舎での作法は禊《みそぎ》の儀式を簡略化したものです。古来、神事に参加するためには、その前に必ず禊によって心身を清めなければなりませんでした。今では手水舎となっていますが、古くは「御手洗川《みたらしがわ》」や「祓川《はらいがわ》」と呼ばれる川で心身を清めていたのです。

神は穢《けが》れを嫌い、清浄を好みます。そのため、**神と出会うためには、禊によって心身の穢を取り去ることが必要**になります。この禊を簡略化したものとして、手水舎での作法が生まれました。

実際に手水舎では、左図のように、水で両手を清め、次に口をすすぎます。このとき、ひしゃくの水を直接口にするのは禁物です。なお、口に含んだ水は水鉢の外に流します。**手水舎は、心身を洗い清め、穢れをとる禊の儀式の場所**です。水を飲む場所ではありませんので、その水を飲んではいけません。両手も「洗う」のではなく「清める」ことになります。ですので、正解は「ダメ」となります。

05 ご神体を安置する？

本殿の建築様式

神社によりさまざまな形式に分かれる

神社のご神体をおさめる本殿の建築様式は、大きく「**妻入《つまい》り**」と「**平入《ひらい》り**」に分けられます（図1）。これらは入口の位置が違います。

妻入りは屋根の頂部の部分の「棟《むね》」が正面を向いていて、中央を避けて左右どちらかに御扉《みとびら》や階段を設けています。一方の平入りは、棟と平行して入口があります。

神社建築の屋根の形状は、2方向に勾配《こうばい》がある「**切妻造《きりつまづくり》**」と、下部が前後左右の4方向へ勾配がある「**入母屋造《いりもやづくり》**」の2種類に分かれます。一般的に萱《かや》や檜《ひのき》の樹皮、銅板などでふかれていて、瓦ぶきは少ないです。

本殿の屋根には、V字形に交叉した板状の「**千木《ちぎ》**」があり、千木には、先端を水平に切った女千木《めちぎ》（内削《うちそ》ぎ）と、垂直に切った男千木《おちぎ》（外削《そとそ》ぎ）の2種類があります。

屋根の上には、「**鰹木《かつおぎ》**」が並んでいます。その数は神社によって異なりますが、伊勢神宮では皇大神宮《こうたいじんぐう》（内宮《ないくう》）が偶数の10本、豊受大神宮《とようけだいじんぐう》（外宮《げくう》）が奇数の9本となっています。

本殿は正殿ともいい、その様式は、仏教の伝来前後で分けられます（⇩P92図2 ⇩P93図3）。伝来前のタイプには住吉造《すみよしづくり》、神明造《しんめいづくり》、大社造《たいしゃづくり》などがあります。出雲大社の大社造では、本殿の中央に位置する柱を「岩根御柱《いわねのみはしら》」*と呼び、この柱を神の象徴に見立てていました。仏教伝来後は寺院建築の影響を受け、屋根に反《そ》りのついた建物が多くなります。

*岩根御柱：本殿の中央に立てられた神聖な御柱。他の柱よりやや太いが、棟木を支えているわけではない。「ウズノ柱」とも称されることから尊厳をあらわす信仰上の神聖な柱で、伊勢神宮の心の御柱と共通するものがある。

本殿の形は古代の住居、倉庫から発展

神社建築の基本〔図1〕

本殿をはじめとする神社の建物は、共通の特徴をもつ。

平入りと妻入り

社殿の屋根の棟に対して垂直な壁に入口をもつ建物を「妻入り」。棟に対して平行に入口が設けられたものを「平入り」と呼ぶ。

神社の屋根

神社の屋根は切妻造と入母屋造の２種類ある。屋根には瓦を用いることは少ない。

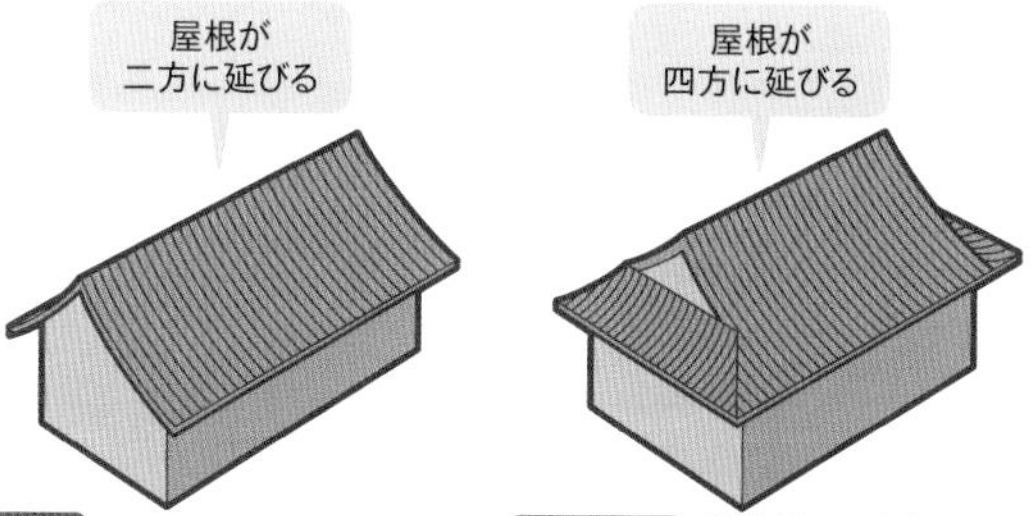

切妻造《きりつまづくり》 一般的な神社建築

入母屋造《いりもやづくり》 権現造《ごんげんづくり》や日《ひ》吉《え》造《づくり》など

千木と鰹木

本殿の屋根の上にある部材。千木には２種類ある。

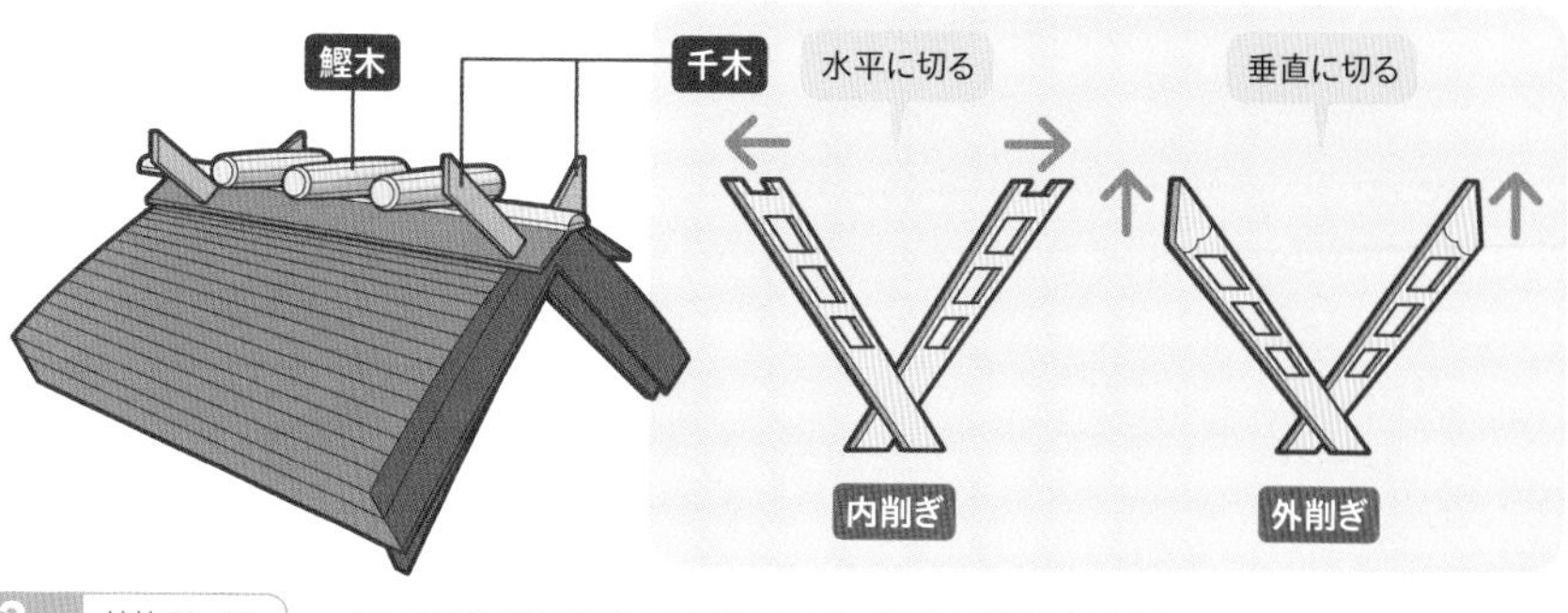

※上図は宮元健次『図説 日本建築のみかた』（学芸出版社）をもとに作図。

仏教以前の本殿様式〔図2〕

住吉造《すみよしづくり》

天皇が即位後、神とともに食事をする大嘗宮《だいじょうきゅう》の建築形式を受け継いだといわれる。内部に「室《しつ》」と呼ばれる食事をするための部屋と、神の空間である「堂《どう》」がある。

形式◆妻入り　**屋根**◆切妻造

神社 住吉大社（大阪府大阪市）

神明造《しんめいづくり》

弥生時代の高床式の穀物倉庫を、神を祀る建物として転用したものといわれる。横に「棟《むな》持《も》ち柱《はしら》」が立つが、柱はすべて堀立柱で屋根は萱《かや》ぶき。大棟の上に鰹木《かつおぎ》を並べ置く。鰹木の数は神社によって異なる。

形式◆平入り　**屋根**◆切妻造

神社 伊勢神宮《いせじんぐう》（三重県伊勢市）
※伊勢神宮の内宮《ないくう》・外宮《げくう》の正殿は唯一神明造。

大社造《たいしゃづくり》

妻入りの形式になっており、中央ではなく左右のどちらかに入口をもつ。内部には中央に太い岩根御柱（ウズノ柱）があり、古い時代には、この柱を御神体と認識していたともいう。またこの大社造を2つつなげた美保造《みほづくり》もある。

形式◆妻入り
屋根◆切妻造
神社 出雲大社
神魂《かもす》神社
須佐《すさ》神社
（すべて島根県）

※図は宮元健次『図説 日本建築のみかた』（学芸出版社）をもとに作図。

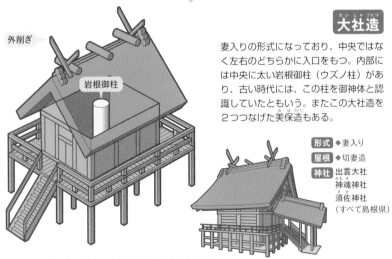

仏教以降の本殿様式〔図3〕

春日造《かすがづくり》

妻入りの正面入口上部に庇《ひさし》をつけて、千木と鰹木を屋根にのせている形式。

形式 ◆妻入り　**屋根** ◆切妻造

神社 春日大社（奈良県奈良市）

流造《ながれづくり》

千木《ちぎ》も鰹木《かつおぎ》ももたない。正面側の屋根が長く、大きく反《そ》りのついた屋根をもつ。最も普遍的で、全国に広く分布している。

形式 ◆平入り　**屋根** ◆切妻造

神社 上賀茂《かみがも》神社、下鴨《しもがも》神社（京都府京都市）

八幡造《はちまんづくり》

本殿と奉祀のための前殿と奥殿が独立して前後に並び、その間を相《あい》の間でつなげている形式。前殿と奥殿の両方とも本殿なのである。

形式 ◆平入り　**屋根** ◆切妻造

神社 宇佐神宮《うさじんぐう》（大分県宇佐市）

日吉造《ひえづくり》

入母屋造の屋根に、側面に破風が入った形式。千木も鰹木もない。神仏習合の影響が強く残る。

形式 ◆平入り　**屋根** ◆入母屋造

神社 日吉大社《ひよしたいしゃ》（滋賀県大津市）

浅間造《せんげんづくり》

本殿の下層は寄棟《よせむね》造《づくり》で上層に三間社《さんけんしゃ》流造《ながれづくり》を置く。屋根はともに桧皮葺《ひわだぶき》。二重楼閣造《にじゅうろうかくづくり》とも呼ばれる二階建ての建築様式をとる。

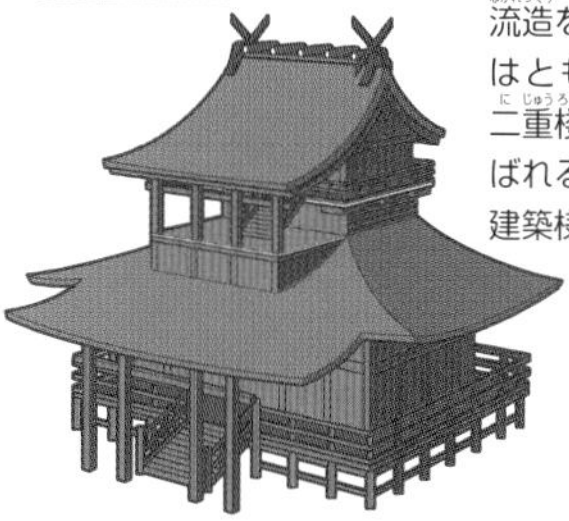

形式 ◆平入り　**屋根** ◆切妻造

神社 富士山本宮浅間大社（静岡県富士宮市）

権現造《ごんげんづくり》

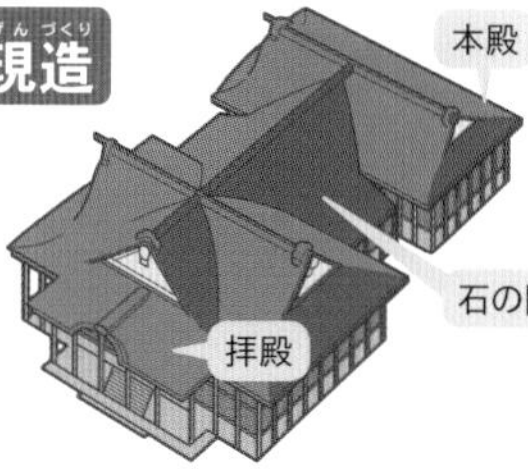

入母屋造となっており、石の間で拝殿と本殿をつないだ形式。実在した人物の霊を神として祀る神社に多くみられる。

形式 ◆平入り　**屋根** ◆入母屋造

神社 日光東照宮《にっこうとうしょうぐう》（栃木県日光市）

06

神社で一番目立つ建物？

拝殿《はいでん》のしくみ

拝殿の形式は主に3つに分類される

神様を礼拝するための建物を拝殿といいますが、古くは「らいでん」と呼ばれていました。本殿には神霊の依代《よりしろ》である御神体《ごしんたい》を安置してあり、**拝殿はその神霊を礼拝するための建物**です。そのため、拝殿は本殿の前に位置し、本殿より大規模な建築物である場合が多いのです。

拝殿の形式には、縦《たて》拝殿、横《よこ》拝殿、割《わり》拝殿などがあります。**縦拝殿**は建物の方向が建物の軸線と一致する形式で、建築様式としては妻《つま》入《い》り〔⇒P90〕となります。本殿と対面する建物というより、むしろ本殿への通路のような役割を果たしています。本殿と一体化した拝殿も多く、その場合は神《しん》饌《せん》などを供える*幣殿《へいでん》としての機能も果たしています。そのため、幣殿と拝殿が同じになっている場合もみられます。

横拝殿は横長の建物となるので、建築様式は平《ひら》入《い》り〔⇒P90〕となります。着座した人々がそのまま本殿のほうを向く形となって最も自然な形状となり、この形式の神社は数多くあります。

割拝殿の形状は横拝殿と似ていますが、中央部分に「馬道《めどう》（通路の意味）」と呼ばれる土間を通して、前後に通り抜けられるようにしたものです。大阪府堺市にある**櫻《さくら》井《い》神社の割拝殿は鎌倉時代に造営されたもので、国宝に指定**されています。このほかに、長野県の諏訪大社の左右片《かた》拝殿、山口県山口市の今八幡宮《いまはちまんぐう》のような2階建ての楼門《ろうもん》拝殿というタイプがみられます。

＊**幣殿**：神への幣物を供えるために設けられた建物。本殿と拝殿の間に連続して建てられる場合が多いので、「中殿」と呼ばれることもある。

拝殿は神を礼拝する場所

拝殿の建築様式

拝殿の様式は、おもに縦長の建物と横長の建物に分かれる。

縦拝殿

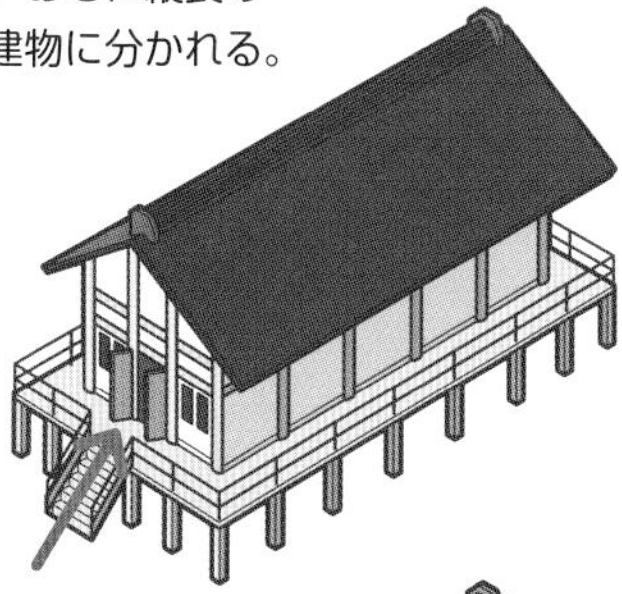

神社 尾張大国霊《おわりおおくにたま》神社拝殿（愛知県）

形式 ◆縦長で妻入り

妻入りで縦長の建物のため、本殿への通路的な役割を果たす。本殿と一体となった構造をなすものも多い。

横拝殿

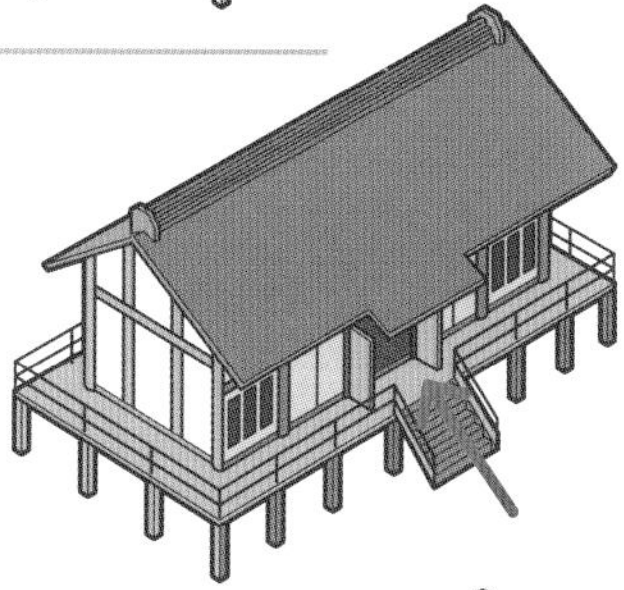

神社 宇治上《うじがみ》神社拝殿（京都府）

形式 ◆横長で平入り

本殿と平行して横長の建物が並ぶ平入りの建物。建物内で着座するとそのまま本殿のほうを向く形になる。

割拝殿

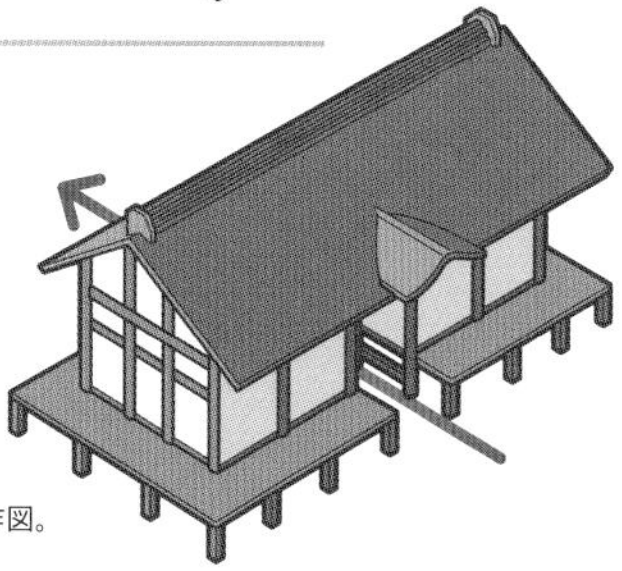

神社 由岐《ゆき》神社拝殿（京都府）／櫻井《さくらい》神社拝殿（大阪府）

形式 ◆拝殿の中央が土間

横拝殿の中央部分が土間（馬道）となっており、前後に通り抜けられるようになっている。

※上図は宮元健次『図説 日本建築のみかた』（学芸出版社）をもとに作図。

こぼれ話 櫻井神社の国宝・割拝殿

櫻井神社（大阪府堺市）の割拝殿は切妻造で、神社建築には珍しく本瓦《ほんかわら》ぶきで、蟇《かえる》股《また》の装飾がある。寺院建築風の意匠の拝殿である。柱間は桁行（正面）５間、梁間（側面）３間。祭礼時には、通路の両脇の蔀戸《しとみど》という建具を降ろして、床にできる。

◀国宝・櫻井神社拝殿（写真提供／櫻井神社）

Q おみくじを引いたら「平《たいら》」が出た。どう判断すればいい？

よい or 悪い

おみくじは神社の授与品として人気が高いものです。神社のおみくじは「御神籤《おみくじ》」と書き、くじを引いて神意を問うもので、その結果は神の御心の表れ＝神様からのメッセージとされます。

さて、ある神社のおみくじでは、吉凶の欄に「平《たいら》」が出ます。よい結果なのか悪い結果なのか、どっちなのでしょうか？

一般的な神社のおみくじの順番は、「大吉・吉・中吉・小吉・末吉・凶」とされます。この中に「平」はありませんが、吉凶の区別や順番は神社によって異なり、「平《たいら》」があるおみくじもあるのです。

実は、昔の人々は「平」というおみくじが出ることを期待していました。「平」とは平凡な暮らし＝よくも悪くもないこと。**吉凶を超えて、「平穏無事こそが貴い」という神道の基本的な教え**に沿ったものです。

「平」は「平穏な生活」こそ最善で、かつての人々が大切にしてきた名残なのです。ですので、答えは「よい」と言えますね。

「平」の入ったおみくじは、京都の賀茂《かも》神社、石清水八幡宮《いわしみずはちまんぐう》などにありますが、ほかにも全国でも増えつつあるようです。神社では、**神様に参拝した後におみくじを引くのが順序**です。また、おみくじで凶が出たら、もう一度引きたくなるかもしれませんが、**おみくじの結果は「神の御心《みこころ》の表れ＝神様からのメッセージ」**。ありがたく受け取り、何回も引き直すのはやめたほうがよいでしょう。

おみくじ結び所とは

引いたおみくじは「おみくじ結び所」に結んでもよい。おみくじは神様からのメッセージであるため、手元に置いて、読み返してもよい。ちなみにメッセージは、漢詩や和歌の部分に書かれていて、ここがおみくじの核心部分だ。

07 神社の鳥居《とりい》

同じに見えていろいろある？

神聖と世俗の境目となる門

神社や参道の入口に立つ鳥居は、神社の門です。起源については、奈良時代には存在していたといわれますが、一説には、天岩屋《あまのいわや》神話〔P26〕の際に鳴いた「常世《とこよ》の長鳴鳥《ながなきどり》」の止まり木であったともいわれますが、神話に「止まり木」の記述はありません。

鳥居は、神社だけでなく寺院や神聖視されている場所にも見られますが、これは**鳥居が世俗な領域と神聖な場所とを区別する、いわば結界の役割を担っているから**。大規模な神社では、入口だけでなく参道の途中にも鳥居があり、本殿に遠いところから一の鳥居、二の鳥居、三の鳥居…と番号がつけられることも多いです。

鳥居は神社によって形状が異なります〔図1〕。基本的には、左右2本の縦柱の上部に「貫《ぬき》」と呼ばれる横木を渡し、さらに最上部にもう1本「笠木《かさぎ》」と呼ばれる横木を渡した、シンプルな形です。笠木の下に島木《しまぎ》を横に渡したものもあります。貫や笠木の形、貫が柱の外側に突き出しているかの違いによってさまざまな種類があり、**基本は「神明鳥居《しんめいとりい》」と「明神鳥居《みょうじんとりい》」**です〔図2〕。

前者の「神明鳥居」は、伊勢神宮などにあり、縦の柱も横の柱も直線的な形状をしています〔P101 図4〕。後者の「明神鳥居」は、反った笠木の下に島木が、貫と縦柱の間には楔《くさび》が入り、貫と島木の間の中央には、神社の名前を記した篇額《へんがく》が掲げられています〔P100 図3〕。

＊常世の長鳴鳥：この鳥は、にわとりと考えられている。そのため、にわとりは伊勢神宮において神使《しんし》とされ、境内で飼われている。

鳥居の形には基本形がある

鳥居各部の名称〔図1〕

鳥居にはいろいろ種類があり、寄進者や作る職人によって千差万別。各部の名称を覚えると、鳥居の違いがよくわかるようになる。鳥居の素材も木以外にも石材や青銅製・陶製などさまざまだ。

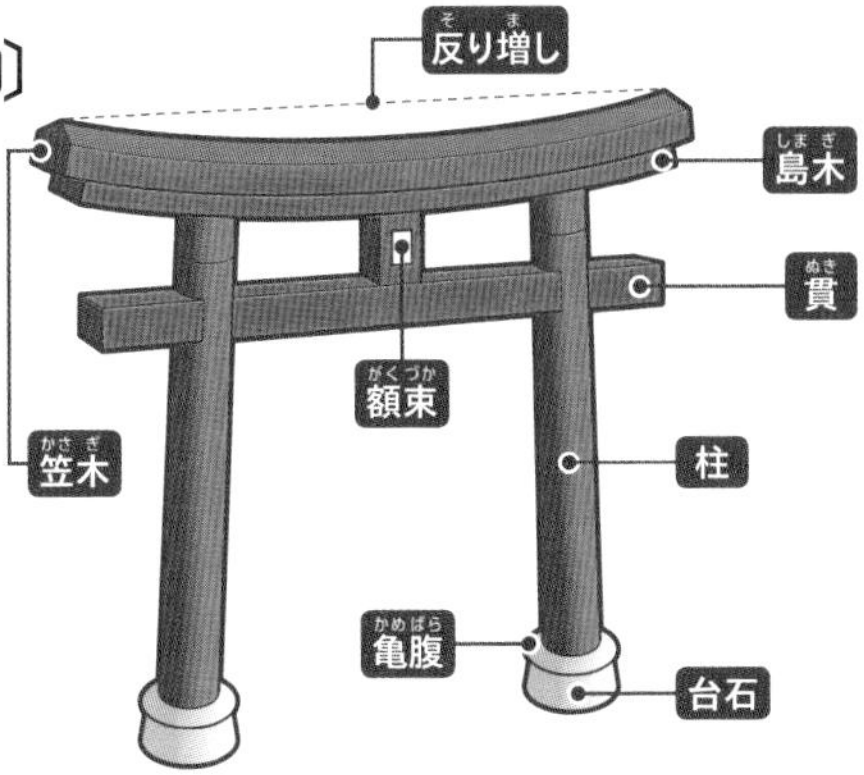

神明鳥居と明神鳥居の違い〔図2〕

鳥居の笠木と島木の反りに違いがある。

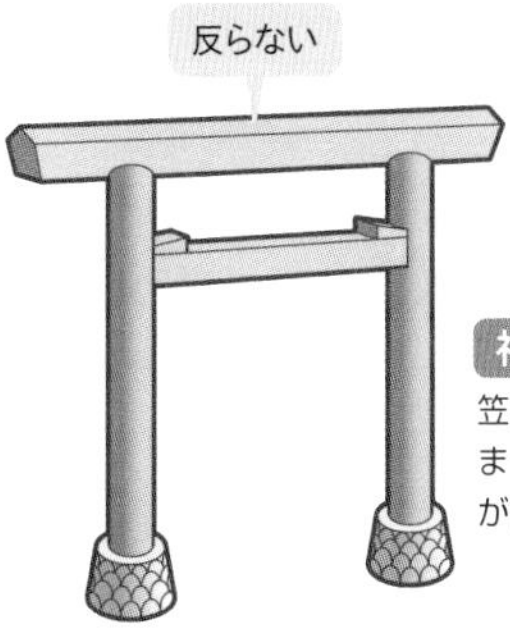

神明鳥居

笠木と島木がまっすぐなのが神明鳥居。

明神鳥居

笠木と島木が反る「反り増し」があるのが明神鳥居。

こぼれ話　神社の鳥居はなぜ赤い？

鳥居は、朱色に塗られることが多い。これは中国からの風習で、朱には厄除けや疫病除けの意味があり、鳥居のほか神社仏閣の建物に使用されてきた。朱の原材料は、辰砂《しんしゃ》。水銀の原料であり、顔料として使われた。木材の防腐剤の効能もあるという。

柱の上には台輪、下部には石の藁座があり、額束を欠いた特徴をもつ宇佐神宮独特の鳥居。

▶**宇佐神宮の太鼓橋前大鳥居**（写真提供／宇佐神宮）

明神鳥居〔図3〕

明神《みょうじん》鳥居

普遍的な鳥居形式。笠木《かさぎ》と島木《しまぎ》に反り増しがあり、額束《がくづか》をつける。

神社 八坂《やさか》神社（京都市東山区）

台輪《だいわ》鳥居

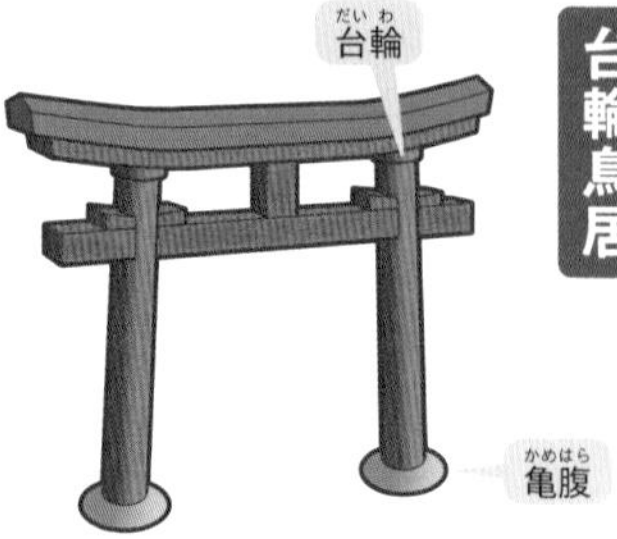

稲荷神社に多い。円柱の上部に台輪がつく。木造は朱塗りが多い。

神社 伏見《ふしみ》稲荷《いなり》大社《たいしゃ》（京都市伏見区）

中山《なかやま》鳥居

中山神社（岡山県）の鳥居を典型とする。北野天満宮の末社にみられる。

神社 中山神社（岡山県津山市）

山王《さんのう》鳥居

仏教色の強い鳥居。上部が合掌したような形から合掌鳥居ともいう。

神社 日吉《ひよし》大社《たいしゃ》（滋賀県大津市）

三ツ鳥居（三輪《みわ》鳥居）

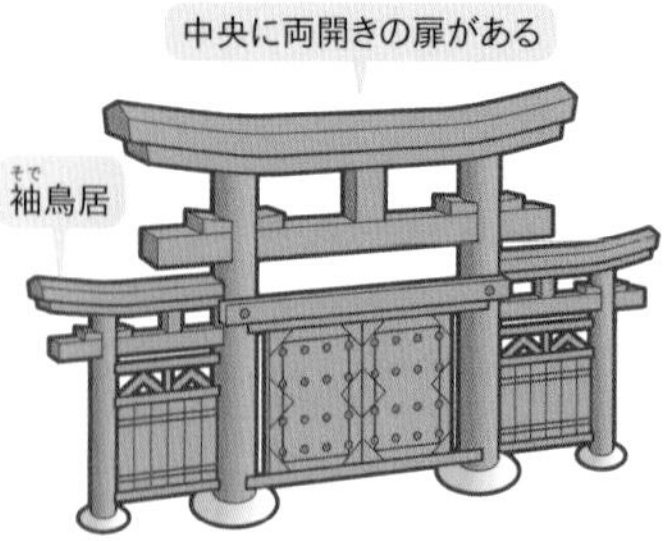

本殿のない大神《おおみわ》神社にある。明神鳥居の両脇に小さい鳥居をつける。

神社 大神《おおみわ》神社（奈良県桜井市）

両部《りょうぶ》鳥居

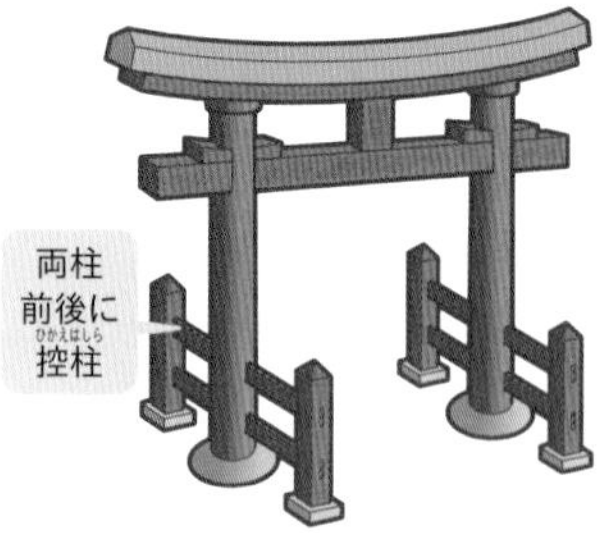

神仏習合《しんぶつしゅうごう》の神社に多く建てられる傾向がある。別名、四足鳥居。

神社 嚴島《いつくしま》神社（広島県廿日市市）

神明鳥居〔図4〕

神《しん》明《めい》鳥居

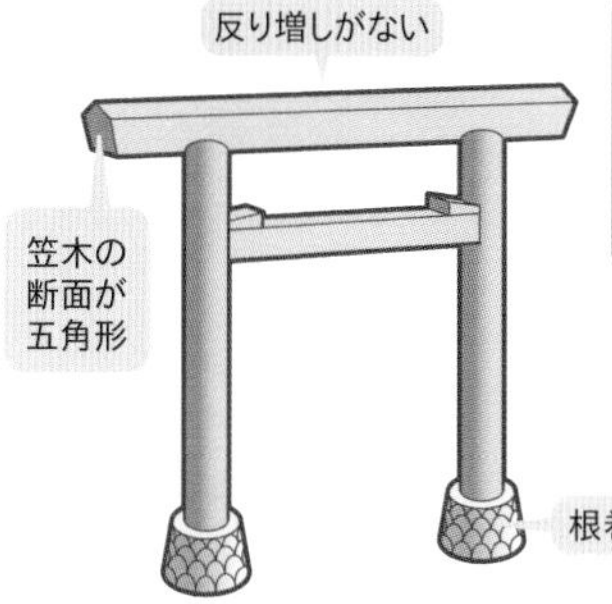

伊勢神宮に多い。内宮のものは、下に小石を積んだ根巻《ねまき》が施される。

神社 伊勢神宮内宮（三重県伊勢市）

黒《くろ》木《き》鳥居

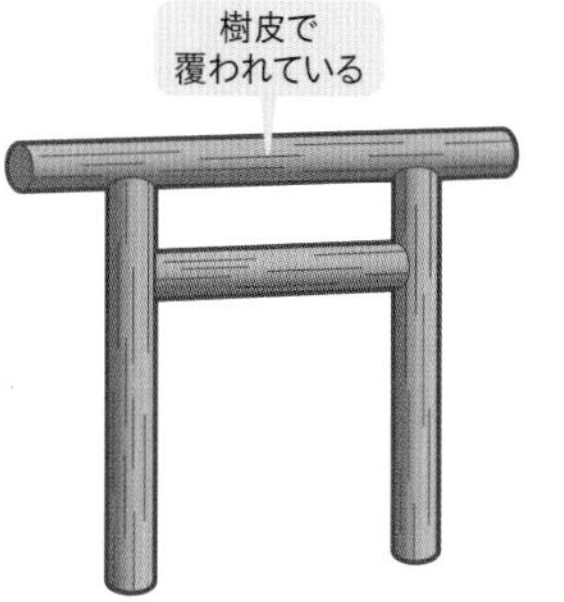

最も原始的な鳥居。笠木、貫、柱すべてが樹皮つきの自然木である。

神社 野《の》宮《みや》神社（京都市右京区）

靖《やす》国《くに》鳥居

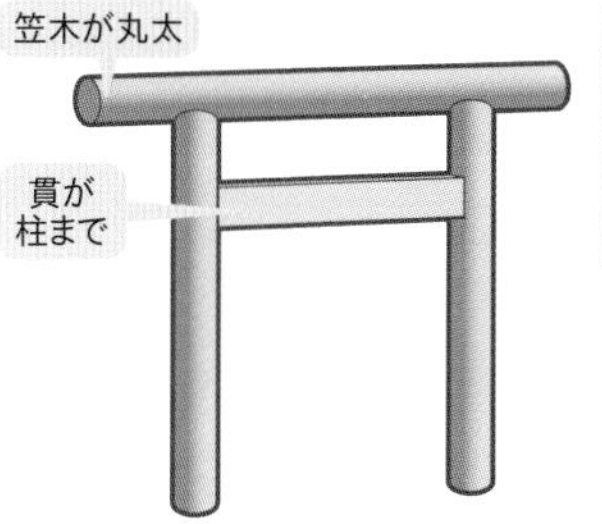

靖国神社や各地の護国神社に建てられる。貫だけ断面が長方形。

神社 靖国神社（東京都千代田区）

鹿《か》島《しま》鳥居

神明系鳥居の一種で、額束《がくづか》がなく、貫が柱を貫通している。

神社 鹿島神宮（茨城県鹿嶋市）

八《はち》幡《まん》鳥居

各地の八幡宮の神社にみられる。島木《しまぎ》があり、貫に楔が打ち込まれる。

神社 石清水八幡宮（京都府八幡市）

宗《むね》忠《ただ》鳥居

黒住教の教祖・黒住宗忠《くろずみむねただ》を祀る宗忠神社にある鳥居。

神社 宗忠神社（京都市左京区）

08 社殿に張ってある縄の正体は？
神社の注連縄《しめなわ》

縄は、神が占めている聖域を示す

鳥居《とりい》や拝殿《はいでん》、神木や霊石の周囲などに太い縄が張られているのを見かけます。これらの縄は注連縄というもので、七五三縄*・〆縄・標縄とも表記します。**注連縄を張るのは、人間が神の神聖な空間に足を踏み入れないようにするため。**注連縄には「占《し》め縄」という意味があり、縄で取り囲まれたところは「神が占めている」ことを示すのです。

古代中国での「注連《しめ》」は、葬式の行列後に、死者の霊が家に戻らないよう入口に張られた縄だったといわれます。日本での注連縄の古語は『古事記』に「尻《しり》久米《くめ》縄《なわ》」とあり、『日本書紀』には「端《しり》出之縄《くめなわ》」とみえています。『古事記』の神話によると天照《アマテラス》大《オオ》御《ミ》神《カミ》が岩屋から出てきたときに、布刀玉《フトタマノ》命《ミコト》が尻久米縄を天照《アマテラス》大《オオ》御《ミ》神《カミ》の後ろに引き渡して、再び岩屋に戻らないようにしたとあります。尻久米縄が、古代中国の「注連」と同様の機能をもっていたことがわかりますね。

注連縄は、通常は稲わらを用います。普通の縄とは逆の左の方向にまわして綯《な》った縄になります。これに紙垂《しで》という紙片を垂らし、さらにわらの端（注連《しめ》の子《こ》）を垂らしたりします。

注連縄は神社によって大きさに違いがあったり、地方によって多様な形が見られます。一般の神社では、縄に紙垂とわら製の飾り（注連の子）を垂らした前垂《まえだれ》注連《じめ》です。また、出雲大社の拝殿の大注連縄などは、両端が細くなって中央部が太くなった大根《だいこん》注連《じめ》といわれるものです。

＊**七五三縄**：注連縄を七五三縄と表記するのは、七五三という言葉が昔から縁起のよい数字とされていたから。ほかに一五三、棒縄、〆縄、締縄、標縄などの表記もある。

注連縄には稲わらを用いる

注連縄の種類

さまざまな種類があるが、よく見られる注連縄は前垂注連だ。

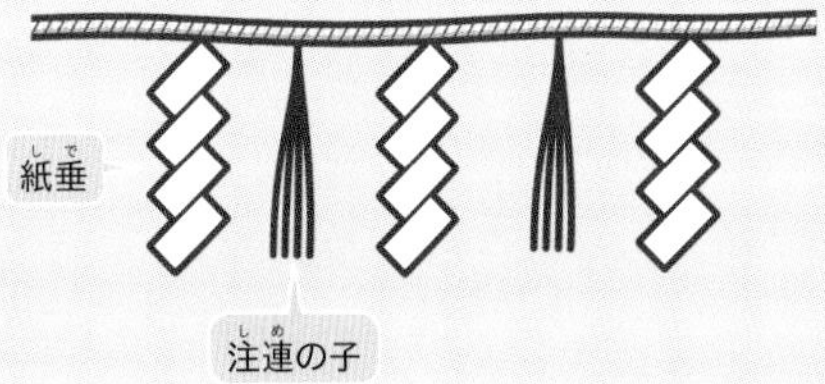

前垂注連《まえだれじめ》

一般的な注連縄。縄に注連の子と紙垂を垂らしたもの。四本の竹に張り巡らす。*地鎮祭《じちんさい》などに用いられる。

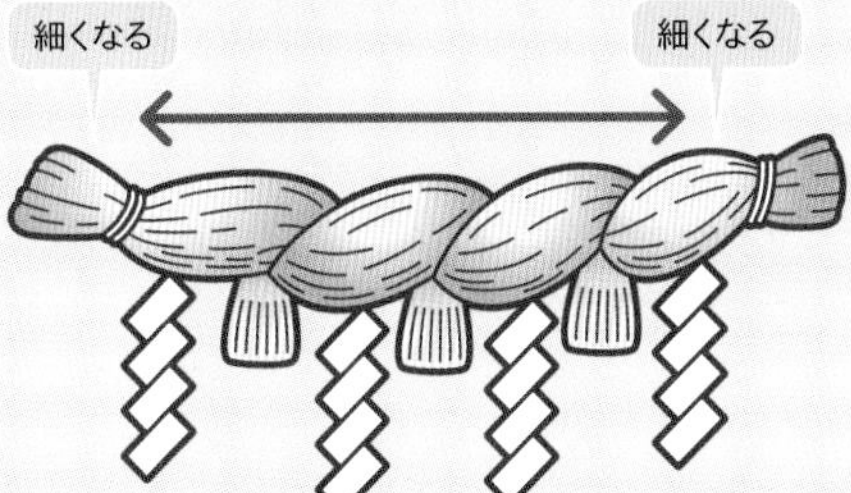

大根注連《だいこんじめ》

中央部が太くなった注連縄で、出雲大社の拝殿の大根注連が有名。両端が細くなっている。

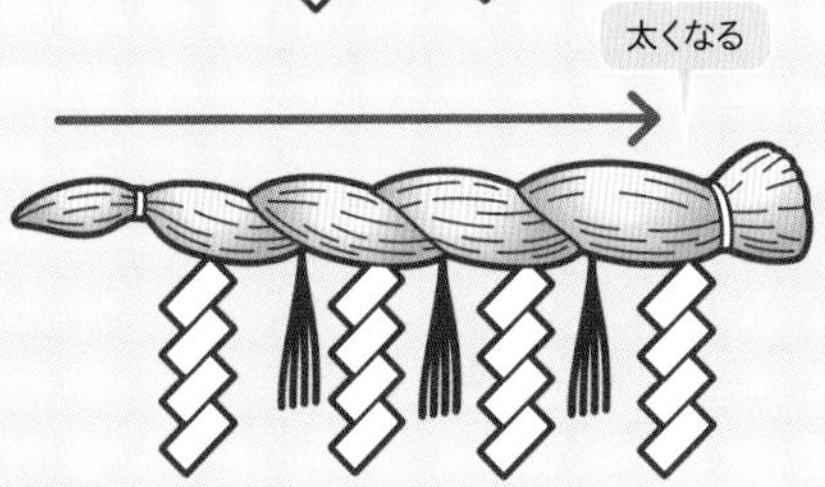

牛蒡注連《ごぼうじめ》

注連縄の一方が細くなってだんだん太くなっている。神社の拝殿に用いられる。左綯《ひだりな》いにする。

こぼれ話　横綱の綱は連縄の一種

相撲は、もとは天皇家に奉納された神事である。力士の最高位・大関から選び出された特別な者のみが、神の御神体の証として注連縄の一種である「横綱」を腰に張ることができる。横綱を張った力士は神霊が降りているとみなされる。

▶**相撲錦絵**（国立国会図書館蔵）

＊地鎮祭：土木工事や建築工事を始める前に、その土地の神を鎮めて、土地を使うことの許しを請う儀式。神を祀り、工事の安全を祈願する。

09 狛犬《こまいぬ》

神社を守る獣？

狛犬のバリエーションは豊富にある

拝殿《はいでん》の中や参道《さんどう》の入口の脇などに、獅子の形をした一対の像が置かれていますが、これを**狛犬**といいます。狛犬は「**高麗犬《こまいぬ》**」とも表記されます。高麗《こま》は高句麗《こうくり》のことで古代朝鮮の国名。朝鮮半島から伝外来したものを「高麗〇〇」と呼んでいた名残で、実際の狛犬は中国から伝わり、**ルーツはインドやエジプトにまでさかのぼる**といいます。

狛犬は、片方が角を生やした像の場合もあります。角があって口の閉じた方を狛犬、角がなくて口を開いた方を獅子《しし》と呼びます。角のある方の狛犬は、中国の「辟邪《へきじゃ》」という架空の霊獣で、魔を退ける存在と信じられていました。

狛犬が日本に伝わったのは平安時代のことで、当初は宮中で几帳《きちょう》・門扉・屏風などの揺れを押さえるために用いられました。また、魔除けも兼ねて用いられたので、のちに神社を守護する魔除けに転用されたのです。

狛犬の姿は神社によってさまざま。一般的な**狛犬は、雄と雌で対をなしています**。寺院にある仁王像《におうぞう》*（金剛力士像《こんごうりきしぞう》）のように、一方が口を開く「阿形《あぎょう》」、もう一方が口を閉じている「吽形《うんぎょう》」のように、「阿吽《あうん》」*の形が多いです〔図1〕。

狛犬の形には、子連れの「子取り」、玉を押さえている「玉取り」、逆立ちをしたものなど、数多くのバリエーションがあります〔図2〕。材質は石が多いですが、銅や鉄などの金属製、木製もあり、中には備前焼の陶製もあります。

＊仁王像：仏教を守護する神である金剛力士のこと。寺院の表門などに安置されることが多い。寺院内に魔が侵入するのを防ぐ役割をする。
＊阿吽：仏教における真言（呪文）のひとつ。宇宙の始まりと終わりを示す象徴とされる。

さまざまな神社の狛犬

基本的な狛犬の姿〔図1〕

狛犬は、狛犬と獅子が区別されて一対のものとなっていた。口を開いた方が「阿形」、口を結んだものが「吽形」である。

拝殿に向かって左が吽形で、
角があるのが狛犬。

一般的には、拝殿に向かって右が阿形で、角のないのが獅子。

狛犬のバリエーション〔図2〕

形、材質が異なるなど、さまざまな狛犬がいる。

▲品川神社（東京都品川区）

▲大鳥神社（東京都目黒区）

▲日光東照宮《にっこうとうしょうぐう》（栃木県）

▲氷川神社（東京都港区）

▲目黒不動尊（東京都目黒区）

10 神使《しんし》

神様の意思を伝える？

鹿、猿、犬、ネズミ…などさまざま

神の意思を伝えたり、吉凶を示したりする特定の鳥獣や虫魚を、神使や使《つか》わしめといいます。こうした動物たちは、神社の縁起と絡んで、神社の祭神と密接な関係をもつとされています。

奈良県の春日大社《かすがたいしゃ》にはたくさんの**鹿**が神の使いとして大事にされてきました。祭神の武甕槌命《タケミカヅチノミコト》が、茨城県の鹿島神宮《かしまじんぐう》から白い鹿に乗って来たことに由来します。滋賀県の日吉大社《ひよしたいしゃ》では、比叡山の猿を「**神猿《まさる》**」と呼び、眷属《けんぞく》としています。眷属は、神使とほぼ同じ意味で扱われていますが、もとは仏教用語。仏・菩薩につき従うもののことです。

神使や眷属を狛犬《こまいぬ》〔↓P104〕の代わりに据える神社もあります。京都市の和気清麻呂《わけのきよまろ》＊を祀る護王《ごおう》神社（京都市上京区）では、狛犬の代わりに**イノシシ**を据えています。和気清麻呂が宇佐神宮に行く途中で足を痛めたときに、イノシシが清麻呂を守ったという故事によります。

また、大豊《おおとよ》神社（京都市左京区）では**狛《こま》ネズミ**が知られています。祭神の大国主神《オオクニヌシノカミ》が、火に囲まれて困ったときにネズミが現れ、助けたという伝説によるものです。

埼玉県の秩父地方ではオオカミ信仰が盛んです。これは秩父地方の山岳にいた修験者《しゅげんじゃ》たちが普及させたものといわれています。そのため、三峯《みつみね》神社（埼玉県秩父市）では**オオカミ**の狛犬が多くあります。同じく埼玉県にある調《つき》神社には、**ウサギ**の石像もあります。

＊**和気清麻呂**：奈良時代末期の官僚。宇佐八幡神託事件で、女帝の称徳《しょうとく》天皇から寵愛を受けていた僧の道鏡が皇位につこうとしたのを阻止した。

神の意思を伝える動物がいる

ネズミ
大豊神社
（京都市左京区）

ウサギ
調《つき》神社
（埼玉県さいたま市）

イノシシ
護王神社
（京都市左京区）

キツネ
伏《ふし》見《み》稲荷《いなり》大社《たいしゃ》
（京都市伏見区）

サル
日枝《ひえ》神社
（東京都千代田区）

タヌキ
柳森《やなぎもり》神社
（東京都千代田区）

シカ
春日《かすが》大社《たいしゃ》
（奈良県奈良市）

オオカミ
三峯神社
（埼玉県秩父市）

全国の主な神使

場所	神社	神使
京都府	石清水八幡宮	鳩
	大豊神社	鼠《ねずみ》
	護王神社	猪《いのしし》
	北野天満宮	牛
	伏見稲荷大社	狐《きつね》
	松《まつ》尾《お》大社《たいしゃ》	亀
	三宅《みやけ》八幡宮《はちまんぐう》	鳩
	三嶋《みしま》神社	鰻《うなぎ》
滋賀県	日吉《ひよし》大社	猿
奈良県	春日大社	鹿
	大神《おおみわ》神社	蛇
和歌山県	熊野《くまの》那智《なち》大社《たいしゃ》	烏
栃木県	二荒山《ふたらさん》神社	蜂
埼玉県	三峯神社	狼
	調神社	兎《うさぎ》
東京都	柳森神社	狸《たぬき》
	日枝神社	猿
茨城県	鹿島《かしま》神宮《じんぐう》	鹿

11 それぞれどんな用途？
灯《とう》籠《ろう》・手《て》水《みず》舎《や》・玉《たま》垣《がき》

神様に献じたり、参拝者の身を清めたり

社殿の中や参道の両側などに、灯をともすための献《けん》灯《とう》や常《じょう》夜《や》灯《とう》として設置されるのが**灯籠**です。本来は仏教寺院に置かれていましたが、神《しん》仏《ぶつ》習《しゅう》合《ごう》が進んだ平安時代以降は、神社でも献灯のために用いられるようになりました。

神社の境内でよく見かけるのは、春《か》日《すが》灯籠です。明かりをともす「火《ひ》袋《ぶくろ》」に、春日大社を象徴する鹿や若草山などが彫られています。一般的な春日灯籠以外にも、釣り灯籠などがあります〔図1〕。

参道の脇には、参拝するのに先だって手や口を清めるための**手《て》水《みず》舎《や》**（御《み》手《た》洗《らい》、*水《すい》盤《ばん》舎《しゃ》）があります〔図2〕。参拝者はそこの水で手や口をすすぎ、心身を清めるのですが、**決まった作法があるので注意**しておきましょう〔P88〕。手水舎は、四本柱の上に屋根をのせた吹き抜けが多いです。中央には水盤が設置されていて、常に清浄な水が流れるようになっています。

また、社殿（主に本殿）や聖域を取り囲むように設けられた垣を**玉垣**といいます。**玉垣は神が占有する場所を守るために張り巡らされたもの**で、そこを踏み越えられないようにするために幾重にも玉垣を巡らしている場合も多いです。伊勢神宮では、四重に玉垣・瑞《みず》垣《がき》を巡らしてあります。

垣の種類には、玉垣以外にも荒《あら》垣《がき》、瑞垣、板《いた》垣《がき》といった種類があり〔図3〕、築《つき》地《じ》塀《べい》や透《すき》塀《べい》で社殿を囲む場合もあります。寺院建築の影響から、廊下を巡らす例もあります。

＊**水盤舎**：栃木県の日光東照宮にある水盤舎は、サイフォンの原理を利用したもの。これは土地の高低差を応用して、水盤から水が噴き出す仕組みになっている。当時の九州の鍋島藩主・鍋島勝茂が奉納した。

神社の境内で見かける設置物

灯籠とは〔図1〕

もともと灯籠は仏教寺院のものだったが、神社でも使われるようになった。当時の有力者からさかんに寄進された。

▼談山神社の釣り灯籠

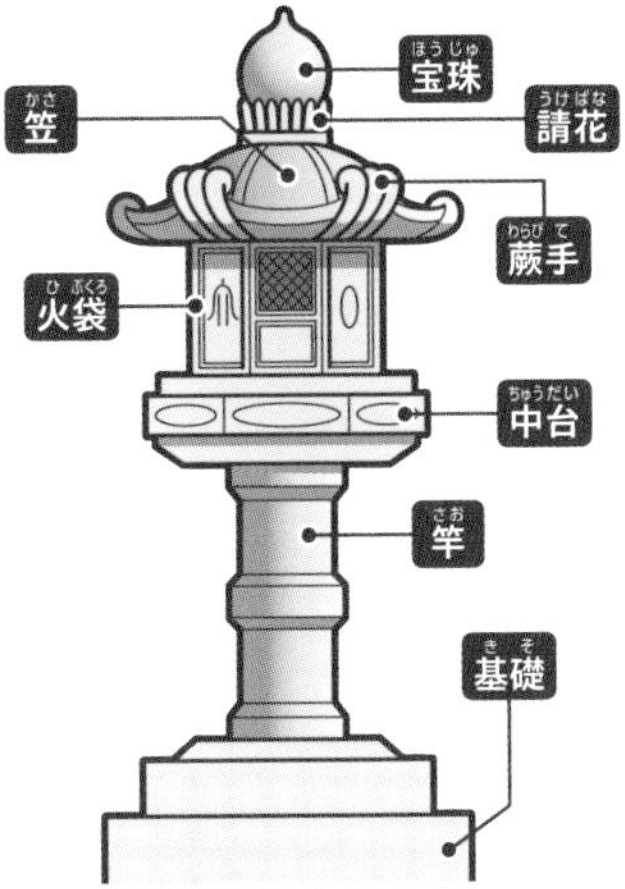

手水舎とは〔図2〕

手水舎は神社に参拝する前に手や口をすすいで、心身を清める建物。古くは、社頭の川を利用していた。

▶日光東照宮の水盤舎
（写真提供／日光東照宮）

玉垣とは〔図3〕

社殿を取り囲む垣を玉垣といい、さまざまな種類がある。

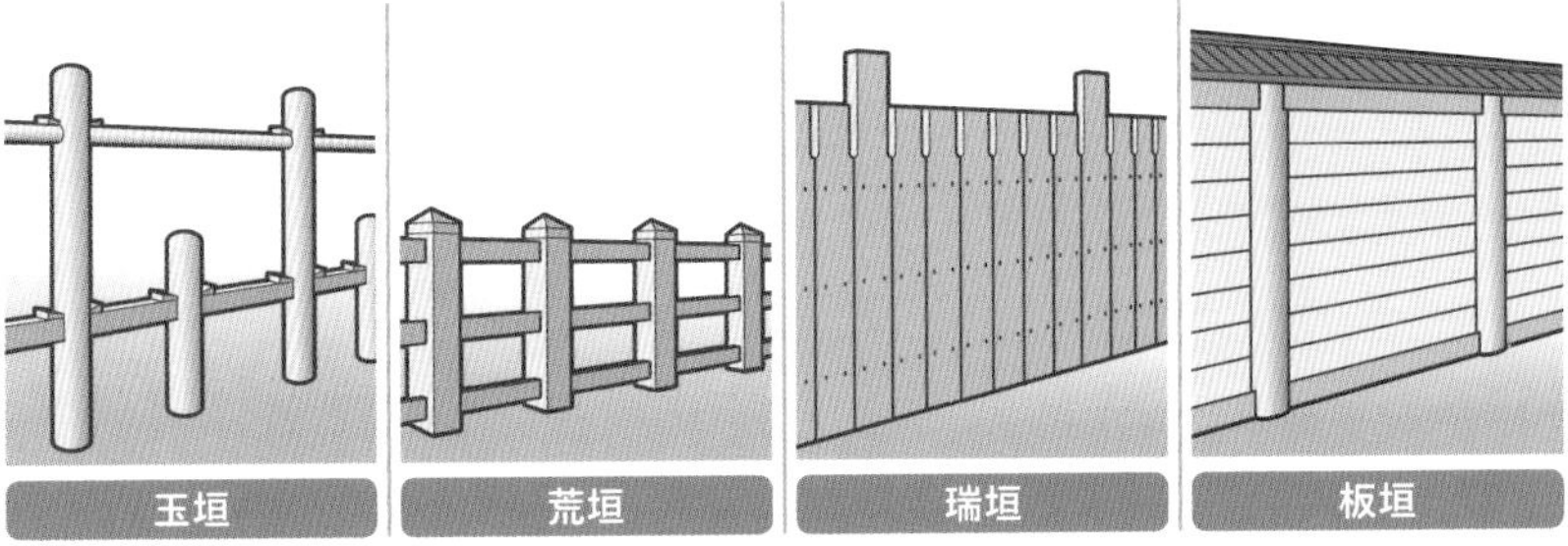

※上図は宮元健次『図説 日本建築のみかた』（学芸出版社）をもとに作図。

12

参道《さんどう》と玉砂利《たまじゃり》

神様が通る道？

参道の中央を渡るときは注意しよう

鳥居《とりい》から拝殿《はいでん》まで続いている道が**参道**です。参道の中央は「**正中**《せいちゅう》」と呼ばれ、神様の通り道とされています。つまり、正中は本殿の神が俗界に渡る道なので、踏み入ってはならない聖域といわれています。参道を歩くときに、真ん中を歩かないように心がけるのは、神様を敬う気持ちの表れといえます。なので、参道の中央を横切るとき、軽く頭を下げながら通るようにします。

参道は、神に近づくときの気分を高揚させるためにも大事です。参道が曲がっていたり、途中に階段あったりするのも参拝気分を高揚するために効果があります。また、神社の門前にできた門前《もんぜん》町《ちょう》は、その町の往来が参道となっている場合が多いです。おしゃれなブランドショップなどが並ぶ東京都渋谷区の表参道は明治神宮の参道から発展した町です。

参道に敷き詰められた小石を**玉砂利**《たまじゃり》と呼びます。玉砂利の玉は「タマ（霊）」に通じ、〝特別に大切で美しい小石〟という意味があります。**玉砂利を敷くのは、場所を清め、それを踏みながら参拝する人々の心を清めるため**です。

大きな神社では、参道の入口に「下馬《げば》」「下乗《げじょう》」の立札があります。貴人といえども、ここで車馬を降りて参道を歩かねばなりません。玉砂利の参道はアスファルトの道より歩きにくいですが、踏みしめるザクザクという響きにより、心身は清められて神の前に着くことができます。

参道の中央は神様の通り道

参道とは？

参道とは、鳥居から拝殿に至るまでの道をいう。参道の中央は「正中《せいちゅう》」と呼ばれ、神様の通り道である。そのため、人は踏み入ってはならないとされ、敬意を表すため参道の端を歩く。

宇佐神宮の参道（大分県宇佐市）

▲北野天満宮の参道（京都市上京区）

▼明治神宮の参道（東京都渋谷区）

こぼれ話 とおりゃんせの細道とは？

「通りゃんせ」は、江戸後期に生まれて全国に普及したわらべ歌。もとは「天神様の細道」と呼ばれる歌で、子どもはこれを歌いながらくぐり遊びをした。

歌詞にも出てくる「天神様の細道じゃ」の細道とは天神様（➡P124）を祀る天満宮の参道で、埼玉県川越市の三芳野《みよしの》神社、神奈川県小田原市の菅原神社など、発祥の場所は複数ある。天神様＝菅原道真公は平安京の天門にあたる北野の地に祀られて人々の信仰を集め、江戸時代には学問の神様として寺子屋（庶民の教育機関）でも祀られた。子どもの多くは7歳で寺子屋に入門し、毎月天神様にお参りしながら、学問の上達を願ったという。当時の子どもにとって、天神様は身近な神様だったので、歌詞に天神信仰が織り込まれた。

13 神社の神《しん》紋《もん》

家には家紋。神社には神紋？

神紋の中で一番多いのは巴紋《ともえもん》

それぞれの家に家紋があるように、各神社にも**神紋**があります。神社そのものの紋のほか、祭神の紋、その神社の神職を務める社家《しゃけ》の紋などがあります。なので、神紋は社紋ともいいます。

神紋は平安時代末期頃から使われ始め、鎌倉時代には多くの神社で用いられるようになりました。同じ神を*勧請《かんじょう》した神社などの場合、同じ種類の神紋を用いるケースが出てきました。

神社の紋章の代表格は**巴紋《ともえもん》**です。巴紋は八幡宮などの神紋で、武士が各地で八幡宮を勧請したために全国に広まったとされます。

菊紋《きくもん》は天皇家の紋章として知られますが、菊紋を神紋とする神社もあります。明治時代以前は限られた神社だけが使用していましたが、近代社格制度が定められて菊紋の使用が認められると、これを神紋とする神社が増えました。

豊臣秀吉《とよとみひでよし》の家紋である**桐紋《きりもん》**も、天皇家が古くから使用していました。天皇家から桐紋を授与された秀吉は、皇室の権威を利用しようと全国の神社に桐紋を授けたことをきっかけに広まりました。

徳川家の家紋として有名な**葵紋《あおいもん》**は、もともと京都の上賀茂《かみがも》・下鴨《しもがも》神社の神紋です。徳川家康《いえやす》が継いだ松平氏は、三河国松平村が*加茂郡《かもぐん》だったので、家康は葵紋を採用したのです。徳川氏が葵紋を二《ふた》葉《ば》葵《あおい》から三つ葉葵に変形させたため、徳川家の権威にあやかり、徳川と縁のある神社が盛んに葵紋を用いました。

＊勧請：これは仏教語であるが、祭神の分霊を別の場所に移して祀ること。
＊加茂郡：上賀茂《かみがも》・下鴨《しもがも》神社のように有力な神社は、各地に神社の領地をもっていた。加茂郡もその中のひとつ。

神紋は神社で使われる紋章

巴紋《ともえもん》

宇佐神宮
（大分県）

十六弁《じゅうろくべん》八重《やえ》菊紋《きくもん》

明治神宮
（東京都）

五七桐紋《ごしちきりもん》

大神《おおみわ》神社
（奈良県）

上《あが》り藤紋《ふじもん》

石上神宮《いそのかみじんぐう》
（奈良県）

徳川葵紋《とくがわあおいもん》

日光東照宮《にっこうとうしょうぐう》
（栃木県）

二葉葵紋《ふたばあおいもん》

賀茂御祖神社《かもみおやじんじゃ》
（京都府）

桜花紋《おうかもん》

平安神宮《へいあんじんぐう》
（京都府）

陰花菱紋《かげはなびしもん》

住吉大社《すみよしたいしゃ》
（大阪府）

梅花紋《うめはなもん》

太宰府天満宮《だざいふてんまんぐう》
（福岡県）

木瓜紋《もっこうもん》

八坂《やさか》神社
（京都府）

束《たば》ね稲紋《いねもん》

伏見稲荷大社《ふしみいなりたいしゃ》
（京都府）

八雲紋《やくももん》

氷川神社
（埼玉県）

神紋のランキング

1	巴紋	1044
2	桐紋	268
3	菊紋	215
4	梅紋	139
5	葵紋	112
6	菱紋	112
7	木瓜紋	102

旧社格が郷社以上の神社に限った神紋では、巴紋が一番多い。ただし小さな神社を含めると稲荷社の数が増えるため、稲紋が最も多くなる。

（丹羽基二『神紋』秋田書店より）

14 神職・巫女《みこ》

神様との仲介役？

神職には職位や階位がある

私たちは神に祈願することはできても、神の意思を知ることはできません。そのため、**神と人との間に立ち、神の意思を人に伝え、また人の願いを神に届ける仲介者**が必要となります。この役割を担うのが、**神職**や**巫女**です。

神職を**神主《かんぬし》**ともいいますが、これは祭祀《さいし》を担当する神社の職員を指す場合が多いです。しかし神主という言葉は本来、神祭の中心になって神に奉仕する神職の長を意味していました。神、また神の代弁者として振る舞う存在ですので、神主とは役割の名称といえます。

巫女は、現在では神社において補助的な社務を担当する女性のことを指しますが、本来は神に仕える未婚の女性で、祈祷《きとう》や神楽《かぐら》の際に神がかりして託宣《たくせん》をしていました。

現在の神職は、神社本庁《じんじゃほんちょう》により職階が規定されています〔図1〕。伊勢神宮では最高位が祭主《さいしゅ》、その下に大宮司《だいぐうじ》・少宮司《しょうぐうじ》、禰宜《ねぎ》、権禰宜《ごんねぎ》・宮掌《くじょう》が置かれます。一般の神社では、宮司《ぐうじ》、権宮司《ごんぐうじ》、禰宜《ねぎ》、権禰宜《ごんねぎ》を神職とします。神職には職階のほかに階位と身分があります。階位の順は、浄階《じょうかい》・明階《めいかい》・正階《せいかい》・権正階《ごんせいかい》・直階《ちょくかい》で、身分は特級・一級・二級上・二級・三級・四級があります。

神職の装束は、平安時代の公家（貴族）のものを踏襲し、基本的には白衣以外の装束は身に着けない決まりです。祭祀の種類や神職の身分に応じて、それぞれ異なります〔図2〕。

神々に仕える神職・巫女

神職のランク〔図1〕

多くの神社は神社本庁に属している（一部例外もある）。神社本庁が定めた神職の序列に、階位がある。また、神職には職階もあり、宮司が神社の最高責任者である。

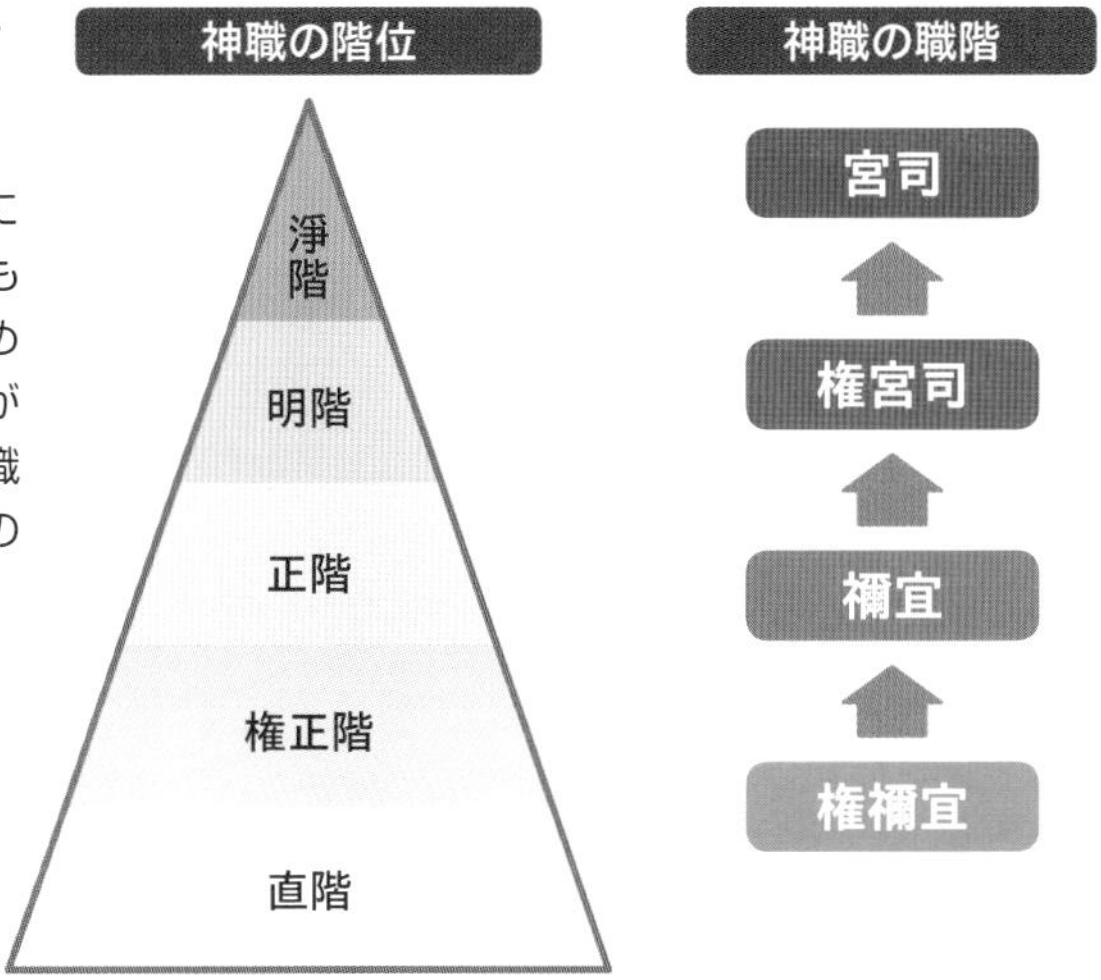

神職・巫女の装束〔図2〕

装束の着用規程は、神社本庁の『神職の祭祀服装に関する規程』によれば、大祭には正装、中祭には礼装、小祭および神社の恒例式には常装を着用する。

神様の分霊？
お札とお守り

神社の社務所には、数々のお札《ふだ》（神札《しんさつ》）とお守りが並んでいます。私たちを災厄から守り、幸福を招いてくれる護符《ごふ》の一種です。家内安全、商売繁盛、合格祈願、健康長寿など、さまざまなご利益があります。

お札やお守りは、神社で祝詞《のりと》をあげてお祓いをして清められ、神様のしるしとして聖化されております。したがって、お札やお守りには、その神社の神様の霊力が宿っているのです。

お札は家の神棚へ納めたり壁や柱に貼ってこれを拝み、またお守りは常に身に着けることで、神様の加護をいただきます。いずれも人の身代わりとなって穢《けが》れや厄を吸い取ってくれるので、1年を過ぎれば古いお札とお守りから霊力が無くなっていきます。そのため、年に1度、新しいお札やお守りを受けます。古いお札やお守りは、1年間守ってくれた感謝を込めて、神社の＊古札納所《こさつおさめしょ》へ返しましょう。「お焚《た》き上《あ》げ」をして、古いものをお祓いしてくれます。

お札は陰陽道《おんみょうどう》を起源とし、のちには罪や穢れを祓う祓具として用いられてきました。熊野詣や伊勢詣の隆盛とともに全国に広まり、特に伊勢《いせ》の御《おん》師《し》が全国各地を飛び回り、年に1度、お札を更新して息災を祈る慣習を広めたとされます。

＊古札納所：古いお札やお守りを納めるところ。「こさつのうしょ」「こさつおさめしょ」「ふるふだおさめしょ」などさまざまな読み方がある。

4章

知っておきたい！

全国の有名神社と神社信仰

日本にはたくさんの神様がいて、信仰を集めています。本章では、さまざまな神社信仰と、日本各地の有名な神社について見ていきます。

01 日本で最も普及した？
八幡宮《はちまんぐう》と八幡信仰

国家鎮護の神から源氏の氏神《うじがみ》へ

八幡神《はちまんしん》（⇒P60）を祀る神社を八幡神社（八幡宮）といいます。八幡神社の総本宮は**宇佐神宮**です。歴史は古く、6世紀の欽明《きんめい》天皇の時代に、大分県宇佐郡の菱形池《ひしがたいけ》の畔《ほとり》に八幡神が現れたと伝わります。8世紀には聖武《しょうむ》天皇の勅願《ちょくがん》により、現在の小椋山《おぐらやま》の地に宇佐神宮が創建されました。祭神は、**八幡神**（**応神《おうじん》天皇**）・**比売大神《ヒメオオカミ》**（**海上安全・交通安全を司る宗像三女神《ムナカタサンジョシン》**）・**＊神功《じんぐう》皇后**です。

奈良時代、東大寺大仏を鋳造するときに、宇佐神宮の八幡神から大仏完成建立の協力をする託宣《たくせん》が出たといいます。また、僧侶・道鏡《どうきょう》が皇位を奪おうとした道鏡事件においても、和気清麻呂《わけのきよまろ》が宇佐神宮の神託をもって道鏡の野望を阻止しました。それ以後、**八幡神は皇室の守護神・国家鎮護《ちんご》の神**としての性格を強め、また、託宣の神として有名になりました。

八幡信仰が全国的に有名になったのは、平安時代初期に平安京の鎮守《ちんじゅ》として、**石清水《いわしみず》八幡宮**が京都の男山《おとこやま》に勧請《かんじょう》されてからです。当宮は伊勢神宮に次ぐ第二の宗廟《そうびょう》と崇められ、王城《おうじょう》鎮護の神として崇敬《すうけい》されるようになったのです。

鎌倉時代になると、清和《せいわ》天皇の嫡流である源氏の氏神として信仰されました。源氏の頭領・＊源頼《みなもとのより》義《よし》が石清水八幡宮の分霊を鎌倉に勧請したのが、**鶴岡八幡宮**の始まりです。それ以降、八幡神は武家の間で広く信仰され、八幡神は武家の守護神として発展しました。

＊**神功皇后**：第十四代仲哀《ちゅうあい》天皇の妃であり、八幡神とされた応神《おうじん》天皇の母神にあたる。胎中に応神天皇を宿しながら、住吉大神のご神託によって新羅の国に赴いたという。古くは聖母大菩薩と称した。

＊**源頼義**：平安時代初期の武将で、平忠常の乱を平定して、東国への足がかりを築いた。

国家鎮護の神から源氏の氏神へ

全国の主な八幡神社

宇佐神宮が総本宮。祭神は八幡神（誉田別《ホンダワケノ》尊《ミコト》＝応神天皇）。この神を祀る神社は全国で約４万社ある。三大八幡宮は、宇佐神宮、石清水八幡宮、鶴岡八幡宮といわれる。

◀宇佐神宮勅使門

▼石清水八幡宮本殿

▼鶴岡八幡宮本殿

八幡信仰の展開

八幡信仰は宇佐神宮を総本宮としている。平安時代初期、京都に勧請された石清水八幡宮が国家鎮護の神として尊敬を受け、鎌倉時代に創建された鶴岡八幡宮が、源氏の氏神として全国各地に八幡信仰が広まった。

写真提供／宇佐神宮、石清水八幡宮、鶴岡八幡宮

02 江戸時代に大流行？ 伊勢神宮と伊勢信仰

皇室の祖先神が庶民の信仰対象に

伊勢神宮（正しくは「神宮」）は、天照大御神《アマテラスオオミカミ》を祀る**皇大神宮《こうたいじんぐう》（内宮《ないくう》）**と、豊受大御神《トヨウケオオミカミ》を祀る**豊《とよ》受大神宮《うけだいじんぐう》（外宮《げくう》）**を中心として、あわせて*125の宮社からなっています。中でも**天照大御神《アマテラスオオミカミ》は天皇家の祖先神**であり、また日本国民の大御祖神《おおみおやがみ》として崇敬《すうけい》をされてきました。

かつては、伊勢神宮で幣帛《へいはく》（供物）を捧げられるのは天皇だけとされ、庶民が参詣できる場所ではありませんでした。しかし律令体制《りつりょうたいせい》が崩れると、伊勢神宮の存在が広く知られるようになります。

中世に入ると、庶民の間で「親神様《おやがみさま》」として厚い尊敬を受けました。

伊勢信仰を民衆の中に浸透させたのは、**御師《おんし》**です。御師とは、祈祷を行いながら御祓大麻《おはらいたいま》（*神宮《じんぐう》大麻《たいま》）を配って歩く人々で、全国の檀家（崇敬者）との間に*師檀《しだん》関係を結んでいきました。

伊勢参宮は、江戸時代に爆発的に流行します。

伊勢神宮を参拝するための「伊勢講《いせこう》」と呼ばれる組織も誕生します。これは、参加者が旅費を積み立て、くじを引いてあたった人が代表として参詣するというものです。江戸期には、白装束を身にまとった「**おかげ参り**」と称する熱狂的な集団参拝が、60年周期で流行しました。その根底には「一生に一度はお伊勢さまへお参りしたい」という人々の願いがありました。中部地方では**御鍬《おくわ》さん**という小型の鍬を御神体にし、五穀豊穣《ごこくほうじょう》を祈願する御《お》鍬祭《くわまつり》が今も行われています。

＊125の宮社：伊勢神宮は内宮と外宮、別宮14社 摂社43社 末社24社 所管社42社からなる。
＊神宮大麻：伊勢神宮から授与する神札のこと。毎年、神宮で御祓い・祈祷したうえで全国頒布される。
＊師檀関係：御師と信者（崇敬者）の関係を指す。御師は崇敬者を案内したり、祈祷をしたり、参拝などの世話をした。

伊勢参宮が江戸時代に大流行

おかげ参りとは

江戸時代に伊勢神宮を集団参宮する「おかげ参り」がたびたび大流行した。

宮川の渡しの様子。左下におかげ参りする犬が描かれる。

▲『伊勢参宮宮川の渡し』歌川広重（豊橋市二川宿本陣資料館蔵）

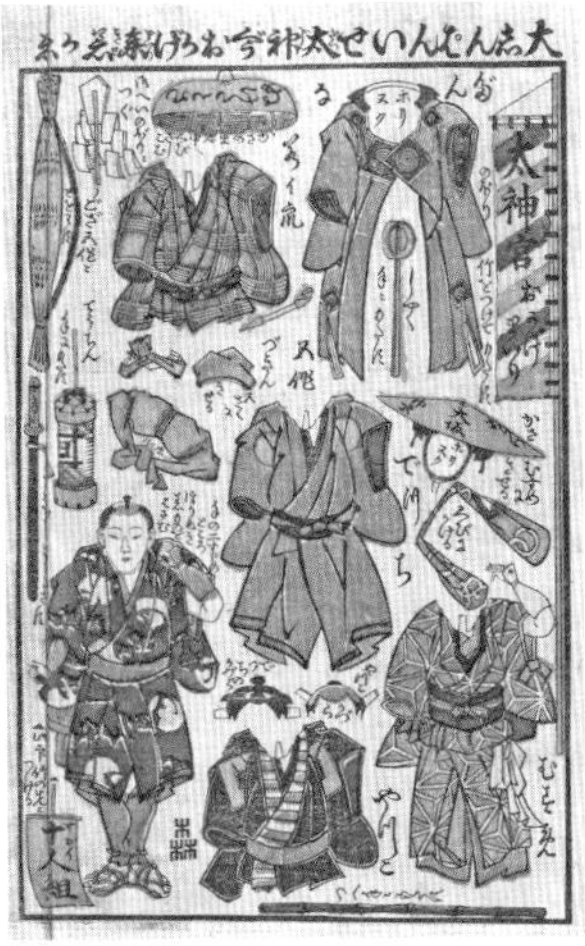

▲おかげ参り関連グッズ『文政おかげ参り刷物類貼込帳』（大阪大学大学院人文学研究科日本史学研究室所蔵）

御鍬祭

御鍬祭という、御鍬さんという小型の鍬を御神体とした祭礼が中部地方を中心に盛んに行われた。

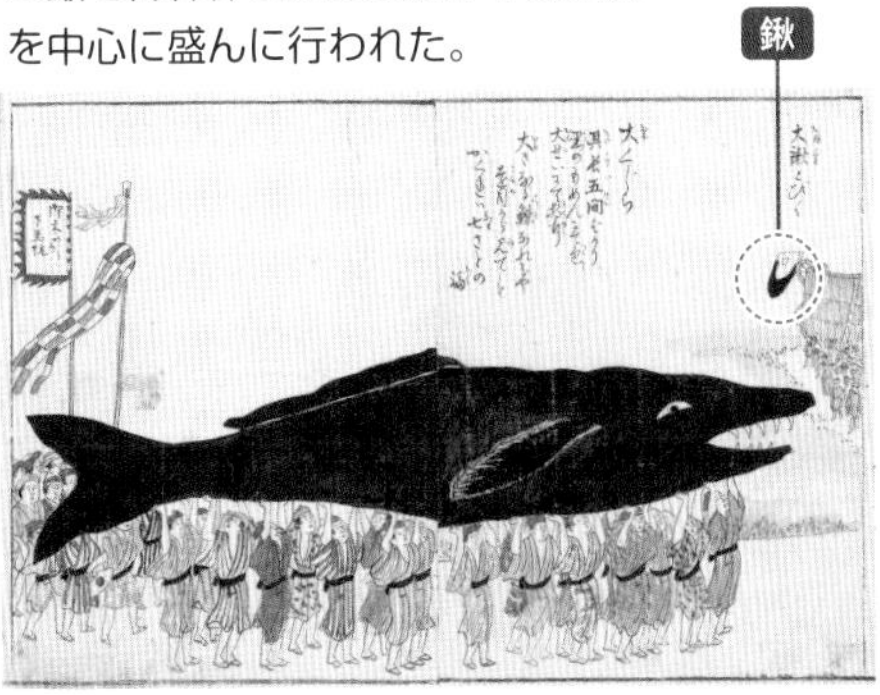

▲『御鍬祭真景図略』（名古屋市博物館蔵）

Q 神社に由来する言葉、このうち「伊勢信仰」から生まれた言葉は？

猫も杓子も　or　関の山　or　お払い箱

神社は、古くから私たちの身近に存在していました。そのため、私たちが使う日常の言葉の中にも、神社に由来する言葉がたくさんあります。

さて、「猫も杓子《しゃくし》も」「関《せき》の山」「お払《はら》い箱」は、どれも神社に関することから生まれた言葉です。

この中で、伊勢信仰が由来となっている言葉はどれでしょうか？

それぞれの言葉の語源を見ていきましょう。

「猫も杓子も」とは、「どんな人も。誰もかれも」を意味する言葉です。言葉の由来にはいくつかの説がありますが、江戸時代の小説家・滝沢馬琴は**「禰子《ねこ》も釈氏《しゃくし》も」**を語源としてあげました。禰子は神社の神主、釈氏は寺の僧侶を表し、「神主や僧侶のような偉い人も」が言葉の由来になったとされる説です。

「関の山」は「精いっぱいがんばってできる限度」を表す言葉です。「関」は三重県関町、「山」は山車《だし》のことで、「関町から八坂神社の祇園祭に出される山車はとても立派で、それ以上豪華な山車は望めない」という意味から生まれた言葉とされます。

「お払い箱」は「いらないものを捨てること」。中世～近世に、伊勢信仰を広めるために、御師《おんし》と呼ばれる人々が活躍したのですが、毎年、御師は新しい神宮大麻《じんぐうたいま》（伊勢神宮のお札）や神宮暦、野菜の種などを入れた「**お祓《はら》い箱**」を配って全国を巡り、古くなったお祓い箱を回収していました。

毎年新しいお祓い箱がきて、古い箱はいらなくなります。このことから「お祓い」と「お払い」をかけて、「お払い箱」という言葉が生まれたとされます。ですので、答えは伊勢神宮の御師が配った「お払い箱」ですね。

神宮大麻とは

神宮大麻とは、伊勢神宮から授与される、天《アマ》照大《テラスオオ》御《ミ》神《カミ》の霊力が宿ったお札（神札《かみふだ》）のこと。毎年、御祓い・祈祷したうえで全国に頒布される。

「誠の心」のある人を救う

03 天満宮と天神信仰

道真公の悲運が天神信仰へ結びついた

天神・天満とは、*天満大自在天神《てんまんだいじざいてんじん》・天満天神《てんまんてんじん》の略称で、**天神様と親しまれる菅原道真《すがわらみちざね》公を神格化した呼び方**です。菅原道真公は、平安時代初期に学者・政治家として活躍して右大臣まで登りつめますが、延喜元（901）年に藤原時平《ふじわらのときひら》の政略により、大宰府《だざいふ》に左遷され、悲嘆のうちに没しました。

道真公の墓所の上に廟所《びょうしょ》を建てて霊を祀ったのが、**太宰府《だざいふ》天満宮**の始まりです。道真公の死後、都では天変地異など不穏な出来事が続き、藤原時平一族を次々と不幸が襲います。さらに宮中の清《せい》涼殿《りょうでん》に雷が落ち、道真公の祟りだと噂されました。落雷を理由に、道真公の怨霊は京都市北野の地主《じぬし》神《がみ》である**火雷神《カライシン》**と結びつけられ、「北野の雷公《らいこう》」と考えられるようになります。

平安時代中期、多治比文子《たじひあやこ》という少女に神託があり、また近江国の神官の子・太郎丸《たろうまる》にも同じ様な託宣《たくせん》が下ります。それにより、菅原道真公の御神霊を祀ったのが、**北野天満宮**で、天神信仰の発祥の社です。

平安時代中期、天神は祈雨《きう》、避雷、農耕を守る神でしたが、道真公は正直な生き方を貫いたので、鎌倉時代以降は*至誠の神、慈悲の神、冤罪を晴らす神として信仰されました。室町時代になると、和歌や連歌、芸能の神に。江戸時代に入ると、学問の神として藩校《はんこう》や寺子屋《てらこや》などで祀られました。現在は学業成就の神として、受験生の信仰を集めていますね。

＊**天満大自在天神**：この神号は『北野天神縁起絵巻』『菅家御伝記』に見え、北野天満宮・太宰府天満宮に用いられた。
＊**至誠の神**：道真公は正直な生き方をしたので、死後、正直で誠の心のある人を救う神として人々に広く崇められ、太宰府天満宮や北野天満宮をはじめとする各地の天満宮で祭神として祀られている。

慈悲・至誠の神として信仰を集める

東帯天神像
（菅原道真公／
北野天満宮蔵）

全国の主な天満宮

祭神は菅原道真公。天満大自在天神ともいう。全国で約１万2,000社ある。三大天満宮は、北野天満宮・太宰府天満宮と大阪天満宮または防府《ほうふ》天満宮とされるが諸説ある。

大宰府に左遷された菅原道真公は、配所で没し、その後、京都で天変地異が続いた。特に宮中に雷が落ちて死者が多数出ると、道真公が雷神となったと考えられた。

▲**『北野天神縁起絵巻承久本　雷神と化して清涼殿の時平を襲う』**（北野天満宮蔵）

▲**太宰府天満宮**　写真提供／太宰府天満宮

▲**北野天満宮**　写真提供／北野天満宮

04

親しまれる〝お稲荷さん〟
稲荷《いなり》神社と稲荷信仰

お稲荷さんは食物を守護する神様

「**お稲荷さん**」と呼ばれ、多くの人々から親しまれる稲荷神社は、全国に約3万社あり、全国の神社の3分の1ほどを占めています。**稲荷神社の総本宮は、京都府の伏見《ふしみ》稲荷大社**です。伏見稲荷大社の主祭神は、**宇迦之御魂大神《ウカノミタマノオオカミ》**。「宇迦」は食物のことで、食物、五穀豊穣《ごこくほうじょう》を司る神様です。

この主祭神のほかに、佐田彦大神《サタヒコノオオカミ》、大宮能売大神《オオミヤノメノオオカミ》、田中大神《タナカノオオカミ》、四大神《シノオオカミ》を合わせ祀り、稲荷大神と総称します。『山城国風土記』逸文では、秦公《はたのきみ》伊呂《いろ》具《ぐ》が餅を的にして矢で射たところ、餅が白い鳥となって山の峰に降り立ち、そこに稲が成ったので、「イナリ」の社名になったとされ、これが伏見稲荷大社の始まりといわれます。また、その山は現在の稲荷山で、伏見稲荷大社の重要な神域のひとつとなっています。

中世に入って商工業が盛んになると、稲荷大神はその守護神とされました。また伏見稲荷大社は、東寺《とうじ》の鎮守神にもなりました。さらに真言《しんごん》密教のみならず、曹洞宗や日蓮宗にも稲荷が取り入れられました。江戸時代には、伏見稲荷大社の御分霊を授かり、稲荷大神を勧請《かんじょう》することが盛んになり、全国に広まったのです。

稲荷神社には**神使《しんし》の狐***の像**が据えられることがあります。これは主祭神の宇迦之御魂大神《ウカノミタマノオオカミ》の別名「御饌津神《ミケツカミ》」が転訛して「**三狐神《みけつかみ》**」となった説がありますが、はっきりしません。関西では「狐」を「けつね」ということが注意されますね。

*狐：お稲荷さんに油揚げを供えるという風習がある。これは神使である狐の好物という説があるため。なお、いなり寿司や油揚げでくるんだ信太寿司をきつね寿司というが、稲荷信仰と直接の関係はない。

多くの人々から親しまれるお稲荷さん

全国の主な稲荷社

祭神の稲荷大神は、記紀に登場する宇迦之御魂大神《ウカノミタマノオオカミ》や倉稲魂命《ウカノミタマノミコト》にあたる。全国に約３万社ある。日本三大稲荷は、伏見稲荷大社・豊川稲荷・祐徳稲荷神社ともいわれるが、諸説ある。

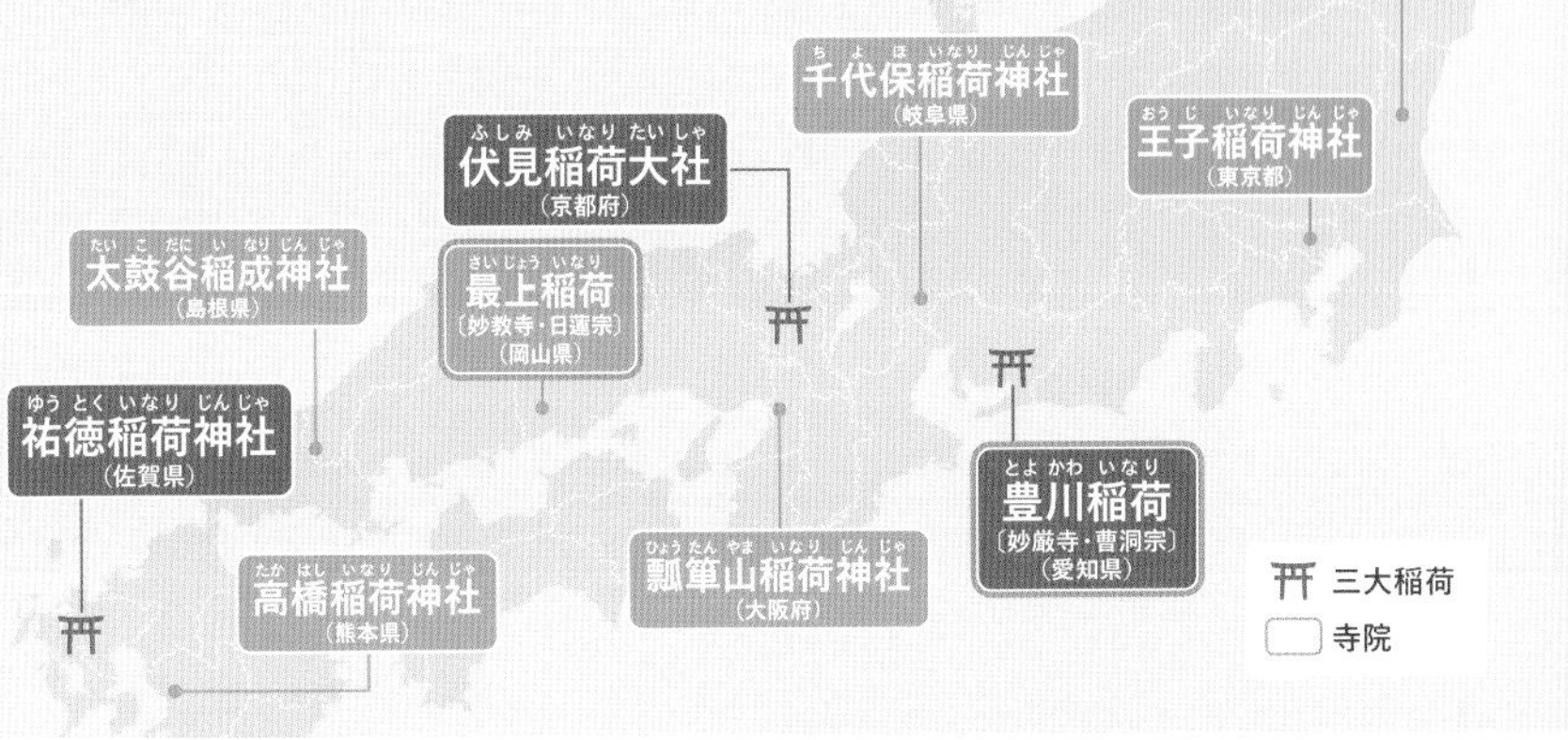

▼伏見稲荷大社の楼門

写真提供／伏見稲荷大社

神道系の稲荷は、記紀に登場する宇迦之御《ウカノミ》魂大神《タマノオオカミ》や倉稲魂命《ウカノミタマノミコト》を稲荷神として祀る。一方、稲荷神は、真言密教と結びつき荼枳尼天という女神と同一視されて広まった。

神道系稲荷

- 稲荷神社
- 宇迦之御魂大神《ウカノミタマノオオカミ》

仏教系稲荷

- 豊川稲荷《とよかわいなり》
- 荼枳尼天《ダギニテン》

▲『伏見稲荷曼荼羅』（個人蔵）

05 熊野三山と熊野信仰

皇室から厚い信仰を集める

多くの人々が熊野三山を参詣

和歌山県南部には、**熊野本宮《ほんぐう》大社**（本宮、本地は阿弥陀如来《あみだにょらい》）、**熊野速玉《はやたま》大社**（新宮、本地は薬師《やくし》如来《にょらい》）、**熊野那智《なち》大社**（那智、本地は千手観音《せんじゅかんのん》）の三社があります。これらは熊野三山、熊野《クマノ》三所権《サンショゴン》現《ゲン》などと総称されています。

熊野信仰は、熊野三山を中心とする信仰です。古来、熊野は深い山々に囲まれた、神々がすまう聖域とみられてきました。その自然信仰が熊野信仰の原点です。

奈良時代に仏教が伝わると、神仏習合《しんぶつしゅうごう》が進み、熊野の山にこもって仏教の修行をする人がいました。さらに平安初期には、熊野に＊修験道の道場が開かれ、霊験あらたかな修行場として崇敬されました。**熊野三山に、神道・仏教・修験道の信仰が集まった**のです。

平安時代から鎌倉時代にかけて、熊野三山は、特に皇室からの信仰を集めました。皇室による熊野参詣を熊野御幸と称し、盛んに行われ、宇多法皇から亀山上皇の間に、宮地直一博士によれば、104回の熊野御幸が行われたということです。

これにより熊野は「天下一の霊場」として称えられます。皇室だけでなく貴族や武家、庶民に至るまで多くの層からの信仰を集め、「**蟻の熊野詣**」といわれるほど多くの参詣者が熊野三山へ押し寄せました。

その後、熊野信仰は熊野の＊御師《おし》や熊野比丘尼《くまのびくに》、勧進聖の活躍により全国に普及しました。

＊修験道：役小角を祖とする日本に古来から伝わる山岳宗教にもとづくもので、山へ籠って厳しい修行を行うことによりさまざまな「験」を得ることを目的とする。
＊御師：熊野三山へ参詣する人々の案内や宿泊、ときには祈祷の世話をした。

熊野は神道・仏教・修験道の聖地

熊野古道と熊野三社

熊野本宮大社、熊野速玉大社、熊野那智大社（熊野三山）が熊野信仰の中心。祭神は熊野三所権現。全国で約5,000社ある。

1 熊野本宮大社

2 熊野速玉大社

3 熊野那智大社

熊野参詣曼荼羅

熊野比丘尼《くまのびくに》は各地へ熊野参詣曼荼羅《まんだら》（右図）や観心十《かんしんじゅっ》界図《かいず》などを持ち歩きながら絵解きをしてまわった。また熊野牛王神符《ごおうしんぷ》は、誓約書として用いられた。戦国時代には大名同士が熊野牛王神符に裏書きをして誓約書とした。

▶『熊野那智参詣曼荼羅』（國學院大學図書館蔵）

疫病退散を願う

06 祇園《ぎおん》・牛頭天王《ゴズテンノウ》信仰

祇園社と天王社は同じ神様

京都市の**八坂神社を中心とした信仰を祇園信仰といいます**。また、愛知県津島市の**津島神社を中心とした天王社《てんのうしゃ》への信仰を天王信仰といいます。**

八坂神社は、全国3000社あまりの祇園系神社の総本社で、津島神社は中部・東海地方の約3000社の天王系神社の総本社です。いずれも祭神は**素戔嗚尊**《スサノオノミコト》（須佐之男命《スサノオノミコト》）とされ、**牛頭天王**《ゴズテンノウ》と同一視されています。祇園・牛頭天王は、仏教の開祖・インドの祇園精舎《ぎおんしょうじゃ》*の守護神です。

八坂神社は、明治時代の神仏分離令《しんぶつぶんりれい》によって祇園社から改称したもので、観慶寺《かんけいじ》（祇園寺）の境内にあった天神堂が、祇園社の前身とされます。

津島神社は、旧称を津島牛頭天王神社といいます。天王社の起源は諸説ありますが、九世紀か十世紀前半とされます。

京都の**祇園祭**《ぎおんまつり》は貞観十一（869）年に**疫病退散のために行われた祇園御霊会**《ぎおんごりょうえ》が起源とされます。また夏越の祓の神事で茅の輪をくぐることや、祇園祭の参加者が「蘇民将来之子孫也《そみんしょうらいのしそんなり》」の護符をつけた粽《ちまき》を受けて疫病除けとするのも、防疫神《ぼうえきしん》である牛頭天王《ゴズテンノウ》への信仰です。

7月に津島神社で行われる**津島天王祭**では、天王川で豪華な川祭を行います。一方で、深夜に神葭放流神事《みよしほうりゅうしんじ》を行い、神霊の依代《よりしろ》である真の神葭《しんのみよし》*に人々の罪穢《けが》れを遷《うつ》し、疫神《えきじん》退去を祈願します。こうした夏の祭礼は、**疫病退散を祈願する祇園・牛頭天王信仰**が根底にあるのです。

＊祇園精舎：インドにあった寺院で、釈迦が説法を行ったとされる僧坊。『平家物語』の冒頭「祇園精舎の鐘の声、諸行無常の響きあり」という書き出しでも知られる。

＊真の神葭：毎年更新し、本殿の中に祀られる植物の葦に人々の罪穢れを託して、川に流す。

牛頭天王信仰は二系統存在する

八坂神社と津島神社は、どちらも牛頭天王《ゴズテンノウ》を祀る。牛頭天王《ゴズテンノウ》は、頭の上に牛頭をのせた憤怒の形相に表され、疫病を防ぐ防疫神として信仰される。関西では主に八坂神社、中部～関東では津島神社が信仰された。

牛頭天王像（著者蔵）

八坂神社（京都府京都市東山区）

全国の約3,000社の八坂神社の総本社。主祭神は素戔嗚尊《スサノオノミコト》＝牛頭天王《ゴズテンノウ》。

津島神社（愛知県津島市）

東海地方を中心にある多くの津島神社、天王社の総本社。主祭神は建速須佐之男命《タケハヤスサノオノミコト》。

こぼれ話

茅《ち》の輪《わ》の由来と意味

『備後国風土記』逸文によれば、武塔神《ムトウノカミ》が旅の途中で一夜の宿を乞うたところ、裕福な弟の巨旦に断られ、貧しい兄の蘇民に快諾された。

後年、訪ねた武塔神《ムトウノカミ》は「私は速須佐能《はやすさの》雄《お》の神である」と述べ、疫病がはやったときは「蘇民将来の子孫なり」と記した茅の輪を腰に下げておけば難から逃れられる、と教えた。それで蘇民の一族は疫病を免れ、弟の一族は絶えたという。

祇園社のお札には、「蘇民将来之子孫也」と書かれている。疫病退散のご利益があるとされる茅の輪くぐりもこの説話に由来する。

写真提供／八坂神社、津島神社

Q
祇園祭《ぎおんまつり》はなぜ華やかで大がかりなお祭りなの？

神様が喜ぶから or 仏教の影響 or 土地柄

京都の祇園祭は、大阪の天神祭、東京の神田祭とともに「三大祭」と呼ばれます。7月1日に始まり31日に終わる、1か月にわたるお祭りで、祭りのハイライトは34基の山鉾《やまぼこ》が市中を巡る山鉾巡行です。山鉾は「動く美術館」と呼ばれる豪華絢爛なものです。

さて、なぜ祇園祭はここまで華やかなお祭りを行うのでしょうか？

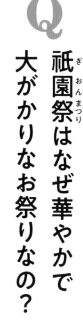

奈良・平安時代の貴族たちは、**疫病の流行は無実により配流させられた人たちの怨みの心が怨霊となって祟ったものだと考えました。**この御霊《ごりょう》を鎮め、洛外に退散させるために行われたのが「**御霊会**《ごりょうえ》」です。

最初に行われた御霊会は、貞観五（863）年に、朝廷主宰で京都の神泉苑《しんせんえん》で行われたもの。崇道《すどう》天皇（早良親王《さわらしんのう》）など六所御霊を祀り、御霊を慰撫するため供物を供えて、雅楽を奏して、芸能を競いました。

祇園祭は、貞観十一（869）年に、京都の神泉苑で66本の矛《ほこ》を立てて祇園の神を祀った**祇園御霊会**《ぎおんごりょうえ》が発祥とされます。中世に入り、町衆が次第に力をつけてくると、それぞれの山鉾に趣向を凝らすようになっていったのです。

このように、神様を楽しませるため奉納する芸能に趣向を凝らし、大がかりな仕掛けを施すことを「**風流**《ふりゅう》」といいます。

つまり、答えは「神様が喜ぶから」です。

祇園祭の山鉾とは

山鉾には、山と鉾《ほこ》がある。鉾は疫病神を集める役割をし、山は依代《よりしろ》で、神様が降りて清める役割をする。その後、祇園の神を乗せた神輿《みこし》が渡ってくるため、山と鉾により悪疫を退散させるのだという。

鉾は武器の「矛」からきており、悪い疫神を鉾に集めて祓い清める役割をする。

常緑樹である松を神の依代に見立て、自然の山を象徴する。

「祇園祭礼絵巻（部分）」（國學院大學神道資料館蔵）

日本一の軍神を祀る

07 諏訪大社と諏訪信仰

国譲りに最後まで抵抗した神様

全国に1万社以上の諏訪神社があり、これらの総本社は、御柱祭《おんばしらさい》*で有名な**諏訪大社**（長野県）です。諏訪大社は、諏訪湖をはさんで上社《かみしゃ》と下社《しもしゃ》に分かれ、さらに上社は本宮《ほんみや》と前宮《まえみや》、下社は春宮《はるみや》と秋宮《あきみや》とに分かれます。四社とも主祭神*として**建御《タケミ》名方神《ナカタノカミ》**、その后神の**八坂刀売神《ヤサカトメノカミ》**を祀ります。

『古事記』では、建御名方神《タケミナカタノカミ》は建御雷神《タケミカヅチノカミ》（⬇P56）との力比べに敗れ、諏訪湖まで逃げ、降伏して国譲りを誓ったとされます。一方、諏訪大社の縁起を記した『諏訪大明神画詞《すわだいみょうじんえことば》』によれば、建御名方神《タケミナカタノカミ》が土着の地主神《じぬしがみ》を退け、鎮座したとされます。もとは山、風、水源などを司る神で、狩猟や農耕の守護神ともされましたが、やがて**武勇の神として崇敬を集めました。**

諏訪大社は古くから朝廷や武家から崇敬され、特に上社への信仰は厚く、「南宮大明神《なんぐうだいみょうじん》」「法性大明神《ほっしょうだいみょうじん》」という尊称で呼ばれました。室町時代から戦国時代にかけては足利、北条、徳川といった大名が、武運長久や国家安泰を祈願し、当社は「日本第一大軍神」と称えられました。

特に甲斐《かい》の武田信玄《たけだしんげん》は、諏訪大社を厚く敬って戦勝を祈願し、出陣の際には「南無諏訪南宮法性《なむすわなんぐうほっしょう》上下大明神《かみしもだいみょうじん》」と、諏訪明神の名を書いた神旗を立て、「諏訪法性兜《すわほっしょうかぶと》」を身に着けて戦場に赴いたといいます。

信濃の武士勢力が地方に進出するのに伴い、諏訪信仰が全国に広まっていきました。

＊御柱祭：7年ごとに行われる諏訪大社の神事。御柱に人を乗せたまま急斜面から落とす「木落し」は祭の最大の見せ場。
＊主祭神：その神社で中心になる神のことで、諏訪大社の主祭神は、本宮は建御名方神、前宮は八坂刀売神、春宮秋宮は建御名方神、八坂刀売神、八重事代主神である。

戦国武将などが戦勝を祈願

諏訪大社と諏訪信仰

諏訪大社は上社の本宮と前宮、下社の春宮と秋宮から構成される。また、諏訪神社は全国に１万社以上ある。主祭神は建御名方神《タケミナカタノカミ》と八坂刀売神《ヤサカトメノカミ》。

▼諏訪大社上社本宮

▼諏訪大社下社秋宮

こぼれ話　武田信玄と諏訪大社

武田信玄は、軍神として武士の信仰の厚い諏訪大社に戦勝祈願の祈祷を依頼して、諏訪明神の加護を祈願していた。信玄の諏訪信仰は、諏訪法性兜を身に着け、諏訪明神旗《すわみょうじんき》を本陣に立てたことからもうかがえる。

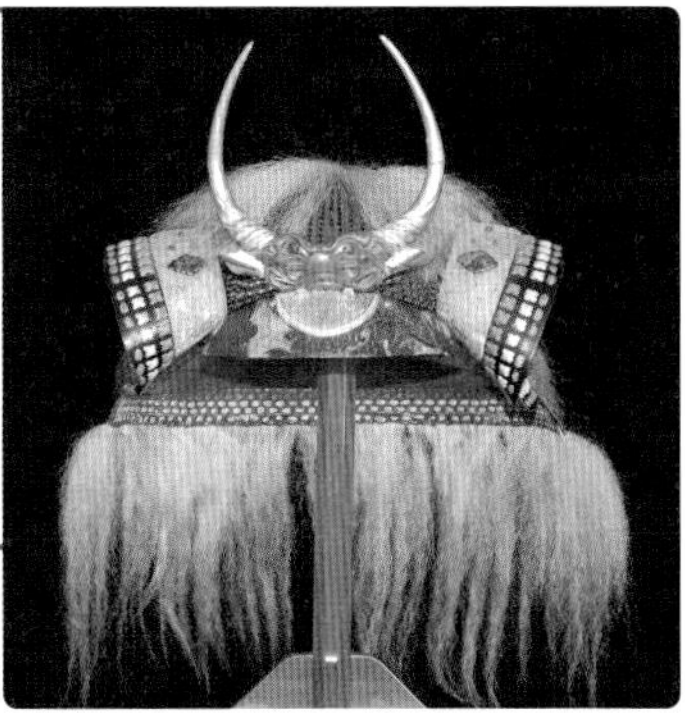

◀諏訪法性兜（下諏訪町立諏訪湖博物館・赤彦記念館蔵）

08 航海の守護神
住吉大社と住吉信仰

遣唐使の航海安全の祈願も行われた

住吉神社は全国に2300社ほどあり、**大阪市の住吉大社がそれらの総本社**です。住吉大社の祭神は*底筒男命《ソコツツノオノミコト》、中筒男命《ナカツツノオノミコト》、表筒男命《ウワツツノオノミコト》という「**住吉大神**」で海神・航海の神とされているため、海や河口の近くにある場合が多いです。

住吉大神は、**神功《じんぐう》皇后**（**息長足姫命《オキナガタラシヒメノミコト》**）に神がかりをし、朝鮮半島の新羅《しらぎ》への遠征をうながし、神功皇后の航海の安全を守りました。その後、皇后が大神を摂津国《せっつのくに》（現在の大阪府）に祀ったことが、住吉大社の始まりとされます。住吉大社では、三神に神功皇后を加えた四神が祀られています。

住吉大神は、**航海の守護神**として朝廷から厚く敬われました。また、住吉大社は外交・航海の要地にあったため、遣唐使派遣の際には住吉大社で海上安全を祈願して出発しました。

住吉大神は、**和歌の神**としても信仰されています。平安時代には、住吉明神を和歌の神とした文学作品が多く書かれており、そのため住吉神社ではよく歌会や歌合せが開催されました。

さらに、住吉大神は禊《みそぎ》によって生まれた神々であるため、人々の罪や穢《けが》れを除く**禊祓《みそぎばらえ》を司る神**ともされました。ほかにも**農耕神**としての側面もあり、全国の住吉神社では御田植神事《おたうえしんじ》や御田祭《おんださい》などの田植の行事が行われています。

ちなみに、住吉大神は現人神《アラヒトガミ》として翁や童子の姿で現れることが多いとされ、白い髭をたくわえた老翁の姿でよく描かれます。

＊**底筒男命、中筒男命、表筒男命**：住吉3座の神。『古事記』によれば、黄泉の国から戻った伊耶那岐神《イザナキノカミ》が、海の底・中・上で禊をした際に出現した神。三神の名前に共通する「筒」には諸説あるが、星を意味するとの説、帆柱を受ける太い筒柱の説が有力である。

海の神、和歌の神…多彩な信仰を集める

▶全国の主な住吉大社

大阪府の住吉大社が総本社。全国で約2,300社ある。祭神は住吉大神。三大住吉は大阪府の住吉大社、山口県の下関住吉神社、福岡県の住吉神社。住吉神社は神功皇后の三韓征伐帰途の道程に関連した場所に多い。

４つの本殿は国宝建造物。　▼住吉大社本殿（大阪市）

写真提供／住吉大社

▶住吉大神神影（個人蔵）

住吉の祭神は、記紀《きき》で登場する底筒男命《ソコツツノオノミコト》、中筒《ナカツツノ》男命《オノミコト》、表筒男命《ウワツツノオノミコト》である。この三神を総称して住吉大神という。航海の神として信仰され、のちに白い髭の翁の姿で描かれるようになった。

09 神社の名前

神社の呼び方の違いは？

神社は称号によって性格がわかる

神社は「社号《しゃごう》」でその本質が見えてきます。「**社号」とは神社の称号**のことで「社名」とは違います。例えば、熱田神宮なら「熱田」は「社名《しゃめい》」、「神宮」は「社号」にあたります。社号には、**大神宮《だいじんぐう》**＊・**神宮《じんぐう》**・**宮《ぐう》**・**大社《たいしゃ》**・**神社《じんじゃ》**・**社《しゃ》**などがあります（図1）。

このうち「**神宮**」は格式の高い神社、例えば、伊勢神宮・鹿島《かしま》神宮・香取《かとり》神宮・熱田《あつた》神宮などがあります。これらは皇室と関わりの深い神を祀っています。伊勢神宮は「神宮」を正式名称としているので、この場合は社号にはあたりません。

次に「**宮**」を名乗る神社には、天満宮《てんまんぐう》・東照宮《とうしょうぐう》などがあります。皇室に関連する神社や人間神など、特別な神を祀る神社のみ許された社号です。かつて「**大社**」といえば出雲大社のことでしたが、現在では諏訪大社・春日大社・伏見稲荷《ふしみいなり》大社などがあります。

社号の中で、「**社**」は比較的小規模な神社に対して使われます。しかし「**二十二社《にじゅうにしゃ》**」の「社」は、国家の重大事にあたり朝廷から格別の崇敬を受けた神社なので注意を要します。二十二社は、①伊勢《いせ》（内宮・外宮）、②石清水《いわしみず》、③賀茂《かも》（上賀茂《かみがも》・下《しも》鴨《がも》）、④松尾《まつお》、⑤平野《ひらの》、⑥稲荷《いなり》、⑦春日《かすが》、⑧大原《おおはら》野《の》、⑨大神《おおみわ》、⑩石上《いそのかみ》、⑪大和《おおやまと》、⑫広瀬《ひろせ》、⑬竜田《たつた》、⑭住吉《すみよし》、⑮日吉《ひえ》、⑯梅宮《うめみや》、⑰吉田《よしだ》、⑱広田《ひろた》、⑲祇《ぎ》園《おん》、⑳北野《きたの》、㉑丹生《にう》、㉒貴布禰《きふね》です（図2）。このうち、②石清水、⑧大原野、⑰吉田、⑲祇園のほかは、いずれも式内社《しきないしゃ》（→P82）であります。

＊**大神宮**：伊勢大神宮ともいうように、外宮《げくう》と内宮《ないくう》の総称。伊勢神宮の主祭神である天照大御神《アマテラスオオミカミ》を祀る神社の中には、東京大神宮や船橋大神宮のように「大神宮」を名乗る場合がみられる。

「社号」とは神社の称号のこと

神社のさまざまな社号〔図1〕

どんな神社なのかは「社号」でわかる。「神社」が一般的だが、下表のものもある。

社号	内容	主な神社
神宮	天皇や皇室祖先神を祀る、規模の大きな神社。	熱田《あつた》神宮、石上《いそのかみ》神宮、鹿島《かしま》神宮、香取《かとり》神宮、明治神宮、鵜戸《うど》神宮、橿原《かしはら》神宮 など
宮	親王など皇室関連人物を祀る神社に多く使用される。	香椎宮《かしいぐう》、北野天満宮、城南宮《じょうなんぐう》、聖母宮《しょうもぐう》 など
大社	戦前は出雲大社のみを指したが、戦後に社号を変更した神社が多い。	出雲大社、春日大社、熊野本宮《くまのほんぐう》大社、多賀《たが》大社、日吉《ひよし》大社、松尾大社 など
社	大きな神社から祭神を勧請《かんじょう》した、比較的小規模な神社。	祇園《ぎおん》社、稲荷《いなり》社、神明《しんめい》社、天神《てんじん》社、八幡《はちまん》社 など

※そのほかに「大神宮」という社号もある。東京大神宮が有名。明治時代の国家神道になる以前は、「明神」や「大明神」といった社号や、神仏習合の影響を受けた「権現」や「大権現」の社号も使用されていた。

朝廷に崇敬を受けた二十二社〔図2〕

平安時代中期から中世にかけて、朝廷に特別の崇敬を受けた二十二の神社のこと。年2回の祭りの他に朝廷から祈願・奉幣《ほうへい》を受けた。

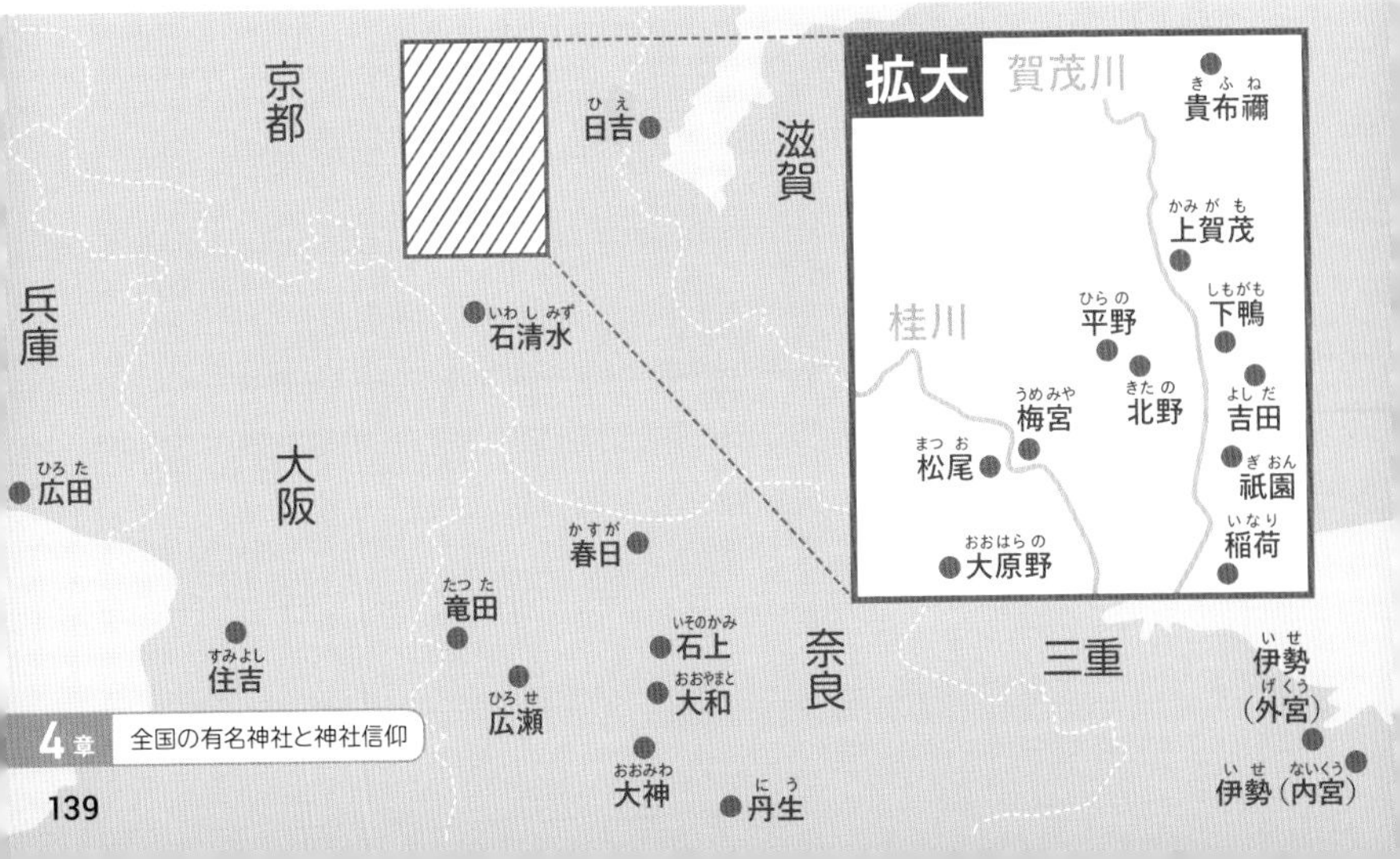

伊《い》勢《せ》神《じん》宮《ぐう》

天照大御神が祀られる

祭神 天照坐皇大御神《アマテラシマススメオオミカミ》（内宮）、豊受大御神《トヨウケノオオミカミ》（外宮）

住所 三重県伊勢市宇治館町1（内宮）、三重県伊勢市豊川町279（外宮）

アクセス 近鉄宇治山田駅よりバス15分「内宮前」下車すぐ（内宮）
JR・近鉄伊勢市駅より徒歩5分（外宮）

『倭姫命世記』によると垂仁天皇の時代に、天照大御神《アマテラスオオミカミ》の鎮座するよき地を求めて、倭姫命《ヤマトヒメノミコト》が各地を巡行し、最後に現在の鎮座地に至ったという。倭姫命《ヤマトヒメノミコト》が巡行した地は元伊勢と呼ばれる。

神宮が伊勢国に鎮座した由来

伊勢神宮の正式名称は「**神宮**《じんぐう》」ですが、一般には「伊勢神宮」「お伊勢さん」などという呼び名で親しまれています。

神宮は古来、至高至貴の神社にして、全国の神社の中心的存在です。神宮は、**皇大神宮**《こうたいじんぐう》**（内宮**《ないくう》**）**と**豊受大神宮**《とようけだいじんぐう》**（外宮**《げくう》**）**との二宮からなります。内宮の主祭神は*****天照坐皇大御神**《アマテラシマススメオオミカミ》、外宮は**豊受大御神**《トヨウケノオオミカミ》。この内宮・外宮には別宮《べっくう》・摂社《せっしゃ》・末社《まっしゃ》・所管社《しょかんしゃ》があって、それらを合計すると125宮社になります。

天照大御神《アマテラスオオミカミ》**は皇室の御祖神なので、天皇以外の奉幣**《ほうへい》**は禁じられていました**（*私幣禁断）。ですが、中世に入ると庶民の間に伊勢参宮が広まったので、江戸時代には「**おかげ参り**（⇒P120）」が流行しました。

＊天照坐皇大御神：伊勢神宮では、天照大御神《アマテラスオオミカミ》は天照坐皇大御神としている。
＊私幣禁断：神前に幣帛を捧げるのは天皇に限り、三后や皇太子といえども禁じられてきた。

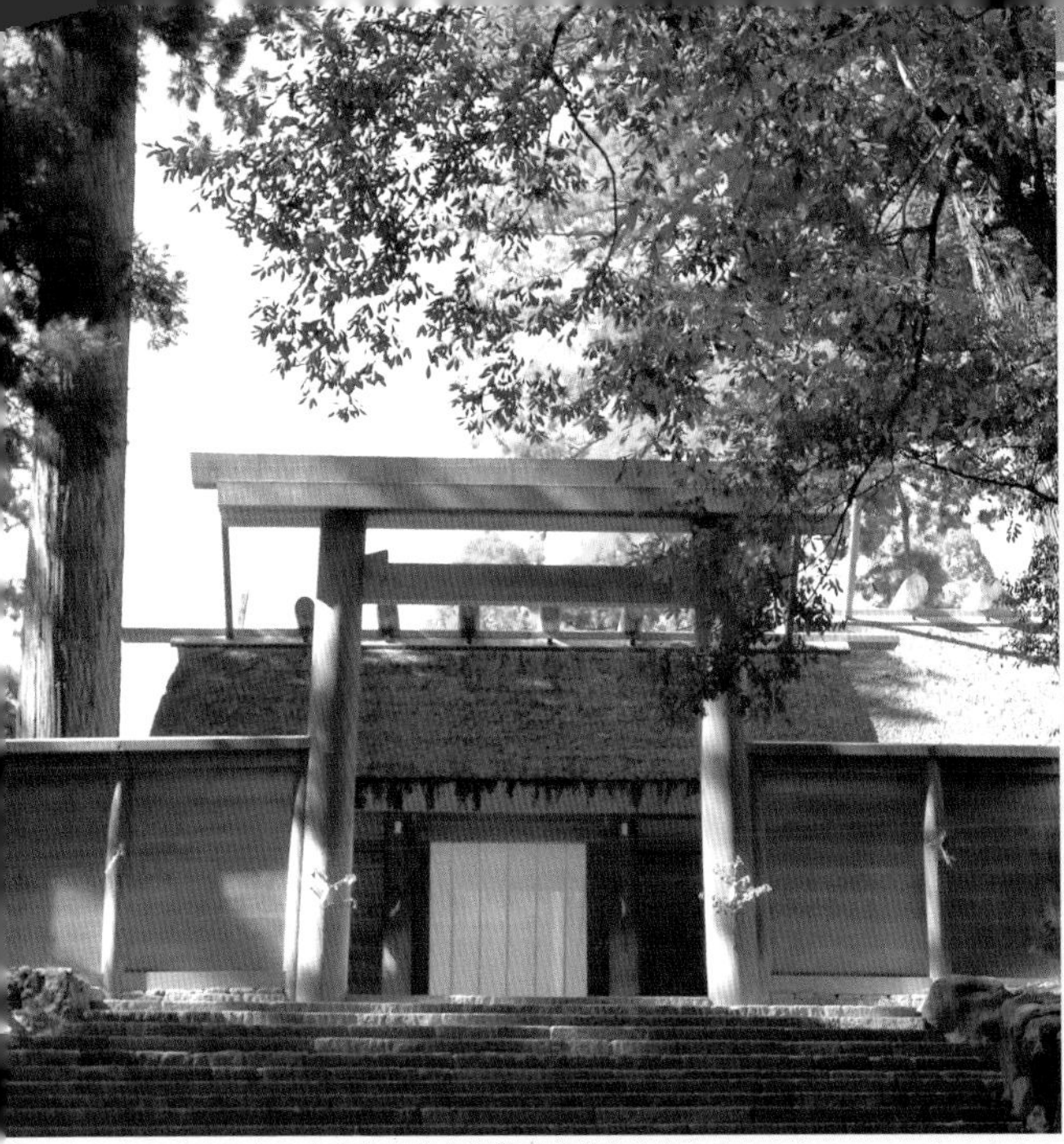

◀伊勢神宮（写真提供／神宮司庁）

内宮には、天照大御神《アマテラスオオミカミ》の御神体の八咫鏡《やたのかがみ》が奉斎《ほうさい》されています。この鏡は、崇神《すじん》天皇六（紀元前92）年まで、同床共殿が守られて、皇居に奉安されていました。しかし、やがて崇神天皇は神威を恐れ、大和国笠縫邑《かさぬいのむら》に遷《うつ》して、皇女の豊鍬入姫命《トヨスキイリヒメノミコト》に天照大御神《アマテラスオオミカミ》を祀らせました。

その後、垂仁《すいにん》天皇の御代、皇女・倭姫命《ヤマトヒメノミコト》が、天照大御神《アマテラスオオミカミ》を永遠にお祀りすべきよき地を探し求めて、近江・美濃・伊勢と諸国を巡行しました（➡P140）。

伊勢国に来たとき、天照大御神《アマテラスオオミカミ》からこの国に居りたいとの神託がありました。その神託のままに五十鈴川《いすずがわ》のほとりに天照大御神《アマテラスオオミカミ》を祀ったのが、内宮の始まりです。

その後、雄略《ゆうりゃく》天皇の夢に天照大御神《アマテラスオオミカミ》が現れて、大御饌《おおみけ》（食物）を求められました。そのため、丹波国から食物の神である豊受大御神《トヨウケノオオミカミ》が迎えられ、外宮が創祀《そうし》されました。

伊勢神宮の祭祀を**神宮祭祀**《じんぐうさいし》といいます。内宮《ないくう》の祭神で皇室の祖神・天照大御神《アマテラスオオミカミ》、また外宮《げくう》の祭神・豊受大御神《トヨウケノオオミカミ》、さらに神宮に属する別宮《べつぐう》・摂社《せっしゃ》・末《まっ》社《しゃ》・所管社《しょかんしゃ》に関わる祭祀のことです。

神宮ではさまざまな祭祀が執り行われていますが、その中心は**国家の安寧と五穀豊穣**《ごこくほうじょう》**を祈願して神恩に感謝する祭儀**です。

毎年10月にはその年の新穀を天照大御神《アマテラスオオミカミ》に奉《たてまつ》り、その恵みに感謝する神嘗祭《かんなめさい》、11月には宮中で天皇親《みずか》ら新穀を天照大御神《アマテラスオオミカミ》をはじめ神々へ奉じられるのに際し、神宮へ勅使を遣わす新嘗祭《にいなめさい》が行われます。どちらも、**稲作が天照大御神**《アマテラスオオミカミ》**の恵みを受けながら営まれてきたことを示す**ものです。こうした祭祀は、宮中祭祀《きゅうちゅうさいし》と深い関わりをもちます。

伊勢神宮（内宮）境内マップ

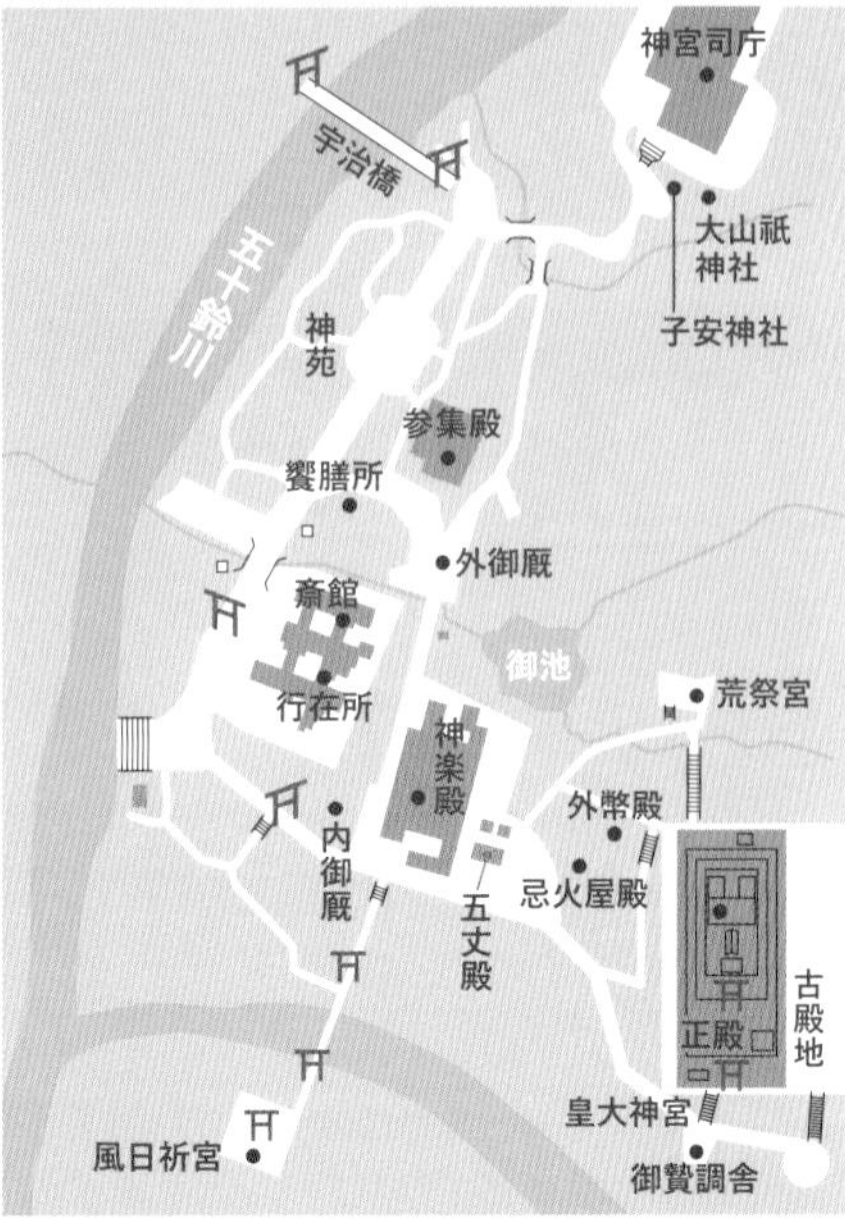

伊勢神宮（外宮）境内マップ

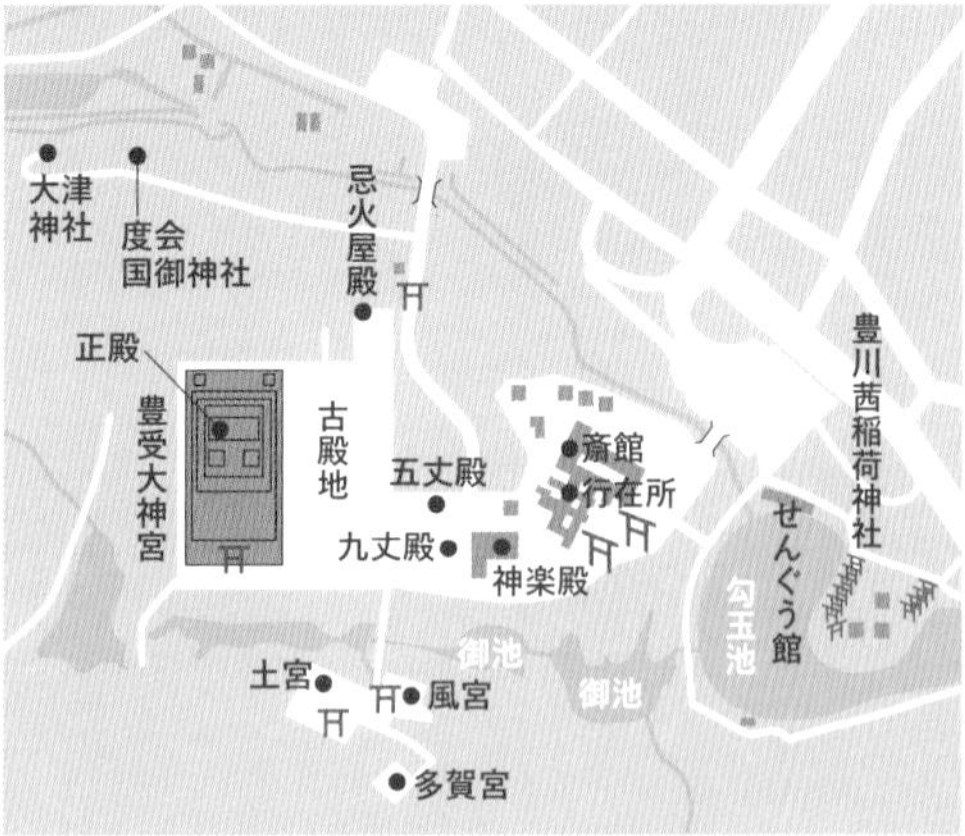

伊勢神宮の主な祭祀

月次祭《つきなみさい》

由貴大御饌《ゆきのおおみけ》を午前10時と翌午前2時の2度奉《たてまつ》る。さらに正午からは天皇のお供えである幣帛《へいはく》を勅使《ちょくし》が参向して奉る奉幣《ほうへい》の儀が行われる。

▶6月15日・16日、12月15日・16日（外宮）
▶6月16日・17日、12月16日・17日（内宮）

神嘗祭《かんなめさい》

その年の新穀を最初に天照大御神《アマテラスオオミカミ》に捧げて、御神徳に感謝を申し上げる。神宮の中で最も重要な祭。由貴大御饌《ゆきのおおみけ》と奉幣を中心に行われる。

▶10月15日〜16日（外宮）
▶10月16日〜17日（内宮）

新嘗祭《にいなめさい》

宮中で新穀を天皇陛下自らが神々に奉られ、自らもお召し上がりになる。神宮では大御饌《おおみけ》の儀と、勅使を遣わし奉幣の儀が行われる。

▶11月23日

大祓《おおはらい》

大祭が行われる前月の末日に神宮神職・楽師《がくし》を祓い清める行事。特に6月、12月の末日には全職員の大祓《おおはらい》が行われる。写真は、内宮の祓所《はらえど》での大祓。

▶1月、4月、5月、6月、9月、10月、11月、12月の各月末日

神宮祭祀《じんぐうさいし》の中でも特に重視されているのが、**式《しき》年遷宮《ねんせんぐう》**と呼ばれる一連の諸祭典・行事です。最初に式年遷宮が行われたのは7世紀のことで、以来1300年以上にわたって続く、歴史と伝統のある祭儀です。

式年遷宮は20年に1度、**両宮の正殿、宝殿、瑞垣などすべての建物を造り替えて、装束や調度品も新調し、御神体を新築した正殿に遷《うつ》すこと**です。神殿の用材伐採の安全を祈願する山口祭《やまぐちさい》に始まり、用材を伐採する御杣始祭《みそまはじめさい》、用材を神宮の敷地内に引き入れる御木曳初式《おきひきぞめしき》、地鎮祭《じちんさい》に相当する鎮地祭《ちんちさい》、正殿の御柱を立てる立柱祭《りっちゅうさい》、御正殿が建つ敷地に白石を敷く御白石持行事《おしらいしもちぎょうじ》などを経て、遷御《せんぎょ》に至るまで、8年間の準備を要する大祭儀です。

遷宮行事一覧

山口祭《やまぐちさい》	式年遷宮の最初の祭儀。御造営の用材を伐り出す御杣山《みそまやま》の神を祀る。
木本祭《このもとさい》	御正殿床下の心御柱の御用材を伐採する祭儀。御木の木本の神を祀る。
御杣始祭《みそまはじめさい》	御杣山で伐採作業を始める。御神体を納める御樋代《みひしろ》の用材を伐る。
御樋代木奉曳式《みひしろぎほうえいしき》	御神体を納める御樋代の御用材を、両宮域内に曳き入れる儀式。
御船代祭《みふなしろさい》	御樋代を納める「御船代《みふなしろ》」の御用材を伐採する祭儀。
御木曳初式《おきひきぞめしき》	御造営用材の搬入をする伝統的な行事。
木造始祭《こづくりはじめさい》	御造営の開始に際し、作業の安全を屋船大神《ヤフネノオオカミ》に祈る祭儀。
御木曳行事《おきひきぎょうじ》（第一次）	旧神領の住民が御用材を両宮に曳き入れる盛大な行事。
仮御樋代木伐採式《かりみひしろぎばっさいしき》	遷御の際に御神体を納める仮御樋代と仮御船代の御用材を伐採する。
御木曳行事《おきひきぎょうじ》（第二次）	旧神領の住民が2か月間にわたり御用材を両宮に曳き入れる行事。
鎮地祭《ちんちさい》	御造営作業の安全を祈り新宮の大宮地《おおみやどころ》の神を祀る。
宇治橋渡始式《うじばしわたりはじめしき》	宇治橋も新しくされ、古式に則り渡り始めが行われる。

◀**遷御**
大御神《おおみかみ》に新しくなった正殿へとお遷《うつ》り願う祭典で、8年間にわたる式年遷宮祭の中核をなす祭儀。

立柱祭《りっちゅうさい》	正殿の建築の始めに際し、御柱を建てる祭儀。
御形祭《ごぎょうさい》	正殿東西の妻の束柱にある御形《ごぎょう》を穿つ祭儀。
上棟祭《じょうとうさい》	正殿の棟木を上げる祭儀。
檐付祭《のきつけさい》	新殿の御屋根の萱《かや》をふき始める祭儀。
甍祭《いらかさい》	新殿の御屋根の葺き納めの祭儀で甍覆《いらかおおい》などの金物を打つ。
御白石持行事《おしらいしもちぎょうじ》	正殿が建つ御敷地に敷く白石を旧神領に住む人々が奉献する行事。
御戸祭《みとさい》	新殿に御扉を取り付ける祭儀。
御船代奉納式《みふなしろほうのうしき》	御神体の鎮まる御船代《みふなしろ》を殿内に奉納する。
洗清《あらいきよめ》	新殿竣工にあたり殿内を洗い清める祭儀。
心御柱奉建《しんのみはしらほうけん》	心御柱の奉建は遷宮諸祭の中でもひときわ重んじられてきた深夜の秘儀。
杵築祭《こつきさい》	新殿竣工に際し、御敷地である大宮地《おおみやどころ》を突き固める祭儀。
後鎮祭《ごちんさい》	新殿の竣工に際し、大宮地の平安を祈る。
御装束神宝読合《おんしょうぞくしんぽうとくごう》	御装束神宝《おんしょうぞくしんぽう》の式目《しきもく》を新宮《にいみや》の四丈殿《よじょうでん》で読み合わせる儀式。
川原大祓《かわらおおはらい》	神宮祭主《じんぐうさいしゅ》以下の奉仕員を祓い清める。
御飾《おかざり》	遷御の当日、殿内を装飾して遷御の準備をする。
遷御《せんぎょ》	大御神が本殿から新殿へとお遷《うつ》りになる遷宮諸祭の中核をなす祭儀。
大御饌《おおみけ》	遷御翌日の早朝、はじめて大御神に大御饌《おおみけ》（神饌）を奉る。
奉幣《ほうへい》	天皇陛下から奉られる幣帛《へいはく》を奉納する。
古物渡《こもつわたし》	古殿内の御神宝類を新殿の西宝殿に移す儀式。
御神楽御饌《みかぐらみけ》	御神楽を行うに先立ち大御饌（神饌）神饌を奉る。
御神楽《みかぐら》	宮内庁の楽師により御神楽および秘曲が奉納される。

▶立柱祭

▶奉幣

全国から神々が集まる

出雲《いづも》大社《おおやしろ》

祭神 大国主大神《オオクニヌシノオオカミ》
住所 島根県出雲市大社町杵築東195
アクセス 一畑電車出雲大社前駅より徒歩7分

国譲りの代わりに建てられた社殿

大社といえば、出雲大社であり、当社は、『延喜《えんぎ》式神名帳《しきじんみょうちょう》』には杵築大社《きづきのおおやしろ》と記されています。現在の社名に改称されたのは明治四（1871）年のことです。

記紀《きき》神話によれば、素盞嗚尊《スサノオノミコト》の六世の孫である大国主神《オオクニヌシノカミ》〔↓P56〕が葦原中国《あしはらのなかつくに》で国作りを行いましたが、高天原《たかまのはら》からの使者の求めに応じてその国を譲りました〔↓P34〕。そのとき、千木《ちぎ》が高天原に届くほど高々とした、**天孫《てんそん》の住処と同じぐらい大きな宮を建てることを要求**したのです。こうして造営されたのが天《あめの》

▲本殿（大社造）
（現在の建物は、江戸時代のもので国宝）

▼古代の出雲大社本殿復元模型

写真提供／出雲大社

▲心御柱《しんのみはしら》
（出雲大社の境内から発掘）

出雲大社境内マップ

日隅宮《ひすみのみや》で、出雲大社の始まりとされています。

このとき高天原の主宰神・天照大御神《アマテラスオオミカミ》は、国譲りにあたり、第二子の天穂日命《アメノホヒノミコト》を大国主神《オオクニヌシノカミ》に仕えさせました。その子孫は代々「**出雲国造《いずものくにのみやつこ》**」を名乗り、**出雲大社の宮司職《ぐうじしょく》**を継承しています。

10月のことを「神無月《かんなづき》」と呼びますが、出雲地方では「神在月《かみありづき》」と呼びます。その理由は、全国の神々が出雲に集まり、縁結びの相談をするためだといいます。毎年、旧暦10月10日には、稲佐《いなさ》の浜で神迎え神事が行われます。

出雲大社の**大社造《たいしゃづくり》**は、伊勢神宮の神明造《しんめいづくり》と並ぶ最古の神社建築様式です。現在の本殿は、江戸時代の造営で国宝に指定され、高さは八丈（24メートル）あります。一説に*、平安時代には十六丈（48メートル）の高さがあり、さらに古くは三十二丈（96メートル）あったともいわれます。東大寺大仏殿が十五丈（45メートル）だった時代に、**出雲大社は世界最大規模の木造建築**だったのです。

▲**神楽殿**　神楽殿の大注連縄は長さ約13.6メートル、重さ5.2トン。数年に一度かけ替えられる。（写真提供／出雲大社）

*古代の出雲大社の本殿が、これほどの高層建築物であったことは、長らく疑問視されていた。しかし近年直径1.35メートルの杉を3本組みにした鎌倉時代初期造営の本殿の柱が境内から発掘され、一気に信憑性が増した。この高層社殿だが、平安時代には何度も転倒したと伝えられる。

Q 出雲大社の参拝では、拍手を2回でなく何回打つ？

3回 or 4回 or 8回

神社の参拝の基本は、「二《に》拝《はい》二《に》拍《はく》手《しゅ》一《いっ》拝《ぱい》」です。拝殿《はいでん》に向かって姿勢を正し、軽く一礼（小揖《しょうゆう》）。次に深々と二回、頭を下げる（深揖《しんゆう》）。次に両手を合わせ、拍手を二回。両手を合わせて祈ります。そしてもう一度深く拝（深揖）をします。これが基本なのですが、実は神社によって作法が異なります。出雲大社では、拍手は何回打つでしょうか？

参拝の作法

1 賽銭をあげて、御鈴を鳴らす。

2 姿勢を正し、一礼をする。両手の指先は伸ばす。

3 深く二回拝礼。背筋を伸ばし腰から折るように。

4 拍手を二回。そして再び手を合わせて祈る。

5 再び深く拝礼をする。

6 神前から去る前に、最後に一礼をする。

参拝での拍手と拝礼の作法は古く、弥生時代にまでさかのぼるとされます。現在行われている「二拝二拍手一拝」という神社参拝の作法は、昭和三十三（1958）年に定められたもので、比較的新しいもの。ですので、**古い神社では独自の参拝礼の作法が残っています。**

例えば、伊勢神宮では「**八**《や》**開手**《ひらで》」といって、拍手を8回打つ古来の作法が行われています。また、出雲大社や宇佐神宮では、「**二拝四拍手一拝**」が作法とされています。つまり、出雲大社では拍手は4回行うのが作法ですので、正解は「4回」になります。

参拝の手順も知っておきましょう。まず鳥居をくぐるときは軽く一礼し、参道の中央（正中《せいちゅう》）を避けて歩きます。続いて、手水舎《てみずや》で手と口をすすぎ、心身を清めます。

拝殿の前に進み、＊御鈴《みすず》を鳴らして賽銭《さいせん》をあげます。そして「二拝二拍手一拝」。後ずさりして拝殿から引くのが作法です。

＊賽銭をあげてから御鈴を鳴らしてもよい。

日本最古といわれる神社

大《おお》神《みわ》神《じん》社《じゃ》

祭神 大物主大神《オオモノヌシオオカミ》、大己貴神《オオナムチノカミ》、少彦名神《スクナヒコナノカミ》

住所 奈良県桜井市三輪１４２２

アクセス ＪＲ三輪駅より徒歩5分、桜井駅（ＪＲ・近鉄）より
バス「三輪明神参道口」下車徒歩10分

奈良盆地の三輪山《みわやま》の麓《ふもと》にあり、日本最古の神社といわれる大神神社。その特徴のひとつは、**本殿をもたないこと**です。三輪山そのものが御神体であるので、これを「神体山」と呼びます。

三輪山を古くは御諸山《みもろやま》などと記し、*神奈備《かんなび》と呼ばれ、神霊の宿る山として崇められてきました。三輪山の山頂と中腹、山麓《さんろく》には「磐座《いわくら》」と呼ばれる巨石群があります。ここが神が降臨する場所で、古代から祭祀《さいし》が行われてきました。大神神社は、**太古の神秘な神祭りの形を今に伝えています**。

山を御神体とするのは、山や森の聖なる場所に神が宿るという、古代の神信仰のひとつの形です。現在も拝殿《はいでん》のみで本殿がなく、拝殿の奥の三ツ鳥居（⇒P100）から山を拝礼します。

三輪山の祭神は、**大《オオ》物主大神《モノヌシオオカミ》**です。『古事記』『日本書紀』には、大国主神《オオクニヌシノカミ》の国作りを完成させた神として登場します。大物主大神《オオモノヌシオオカミ》は海の彼方からやってきて、「大和を囲む緑の山々の東の山上に、自分の魂を手厚く祀れば、国作りを完成させよう」と仰せられたといいます。大物《オオモノ》主大神《ヌシオオカミ》は三輪山に鎮座して、崇神《すじん》天皇の時代には、大物主大神《オオモノヌシオオカミ》が自分の子孫である大田田根子《おおたたねこ》を神主として祀らせたと伝わります。

＊神奈備：神が鎮座する場所とされ、特に神聖な森や山を指す。

▶**大神神社の拝殿**（写真提供／大神神社）

◀春日大社の中門（写真提供／春日大社）

もとは社殿がなかった

春日大社《かすがたいしゃ》

祭神 武甕槌命《タケミカヅチノミコト》、経津主命《フツヌシノミコト》、天児屋根命《アメノコヤネノミコト》、比売神《ヒメガミ》

住所 奈良県奈良市春日野町160

アクセス JR大和路線・近鉄奈良線奈良駅からバス15分

春日大社の発祥は、奈良時代のはじめの頃です。平城京遷都にあたり、都の守護のため武甕槌命《タケミカヅチノミコト》を鹿《か》島《しま》（茨城県）から御《み》蓋山《かさやま》に勧請《かんじょう》したのが始まりとされます。最初は社殿がなく、「東大寺山堺四至図《とうだいじさんかいししず》」をみると、御蓋山の西に「神地」という表示があり、これが現在の地に引き継がれたといわれ、そこに社殿が造られたのは、神護景雲二（768）年とされています。

春日大社の祭神は**武甕槌命《タケミカヅチノミコト》、経津主命《フツヌシノミコト》*、天児屋根命《アメノコヤネノミコト》、比売神《ヒメガミ》**の四柱。武甕槌命《タケミカヅチノミコト》は鹿島の祭神、経津主命《フツヌシノミコト》は香取《かとり》の祭神で、いずれも勇猛な武神として知られています。『日本書紀』では武甕槌命《タケミカヅチノミコト》と経津主命《フツヌシノミコト》は天照大御神《アマテラスオオミカミ》の使者として高天原《たかまのはら》から出雲に降り、大国主神《オオクニヌシノカミ》に国譲りを承諾させています。

一方、枚岡《ひらおか》（大阪府）から勧請されたのが天児屋根命《アメノコヤネノミコト》と比売神《ヒメガミ》です。天児屋根命《アメノコヤネノミコト》は、天岩屋《あまのいわや》神話のときに、岩屋の前で祝詞《のりと》を読むなど祭司の役割を果たした神です。宮廷祭祀を司った中臣氏《なかとみし》（藤原氏）の祖神でもあります。

春日大社は**平城京鎮護、春日神社の総本社として、全国の春日信仰の中心**となりました。境内には野生の鹿が生息していて、神使《しんし》として大切にされてきました。

*経津主命：『日本書紀』にのみ登場する。『古事記』では国譲りを行ったのは武甕槌命《タケミカヅチノミコト》だけとされている。

賀茂社《かもしゃ》

祭神 賀茂建角身命《カモタケツヌミノミコト》、玉依媛命《タマヨリヒメノミコト》、賀茂別雷大神《カモワケイカヅチノオオカミ》

住所 京都市左京区下鴨泉川町59／北区上賀茂本山339

アクセス JR京都駅からバス「下鴨神社前」下車すぐ
JR京都駅からバス「上賀茂神社前」下車すぐ

▲下鴨神社
（写真提供／下鴨神社）

◀上賀茂神社
（写真提供／上賀茂神社）

下鴨《しもがも》神社と上賀茂《かみがも》神社の正式名は、賀茂《かも》御祖《みおや》神社と賀茂《かも》別雷《わけいかづち》神社です。**この両社は京都を代表する神社で、総称して賀茂社といいます。**

賀茂神社の祭りを賀茂祭*といいますが、一般には葵祭《あおいまつり》の名で知られています。葵祭は京都三大祭りのひとつです。

下鴨神社には、母神である玉依媛命《タマヨリヒメノミコト》と祖父の賀茂建角身命《カモタケツヌミノミコト》が祀られていて、**上賀茂神社には賀茂別雷大神《カモワケイカヅチオオカミ》**が祀られています。賀茂一族の氏神《うじがみ》で、賀茂氏によって代々祀られてきました。

『山城国風土記《やましろのくにふどき》』逸文《いつぶん》によると、玉依媛命《タマヨリヒメノミコト》が賀茂川で禊《みそぎ》をしていると、上流から丹塗矢《にぬりのや》が流れて来ます。玉依媛命《タマヨリヒメノミコト》がその矢の力によって懐妊し生まれたのが、賀茂別雷大神《カモワケイカヅチオオカミ》なのです。

古来、皇室の崇敬は厚く、平安京遷都の際には安泰祈願が行われました。上賀茂神社は市内北部の賀茂川の東に、下鴨神社は賀茂川と高野川の合流地点の北に鎮座しています。

＊**賀茂祭**：平安時代では「祭」といえば賀茂祭を意味した。この祭礼は、御所での「宮中の儀」、下鴨神社・上賀茂神社に向かう行列「路頭の儀」、両社で行われる儀式「社頭の儀」を中心に、5月の1か月に渡って行われる。

国譲りに貢献した軍神を祀る

鹿《か》島《しま》神《じん》宮《ぐう》

祭神　武甕槌大神《タケミカズチノオオカミ》

住所　茨城県鹿嶋市宮中2306-1

アクセス　JR線鹿島神宮駅より徒歩7分

鹿島神宮の祭神は、武勇の誉れ高い**武《タケ》甕槌大神《ミカズチノオオカミ》**です。この神は天照大御神《アマテラスオオミカミ》の神《しん》勅《ちょく》を受け、大国主神《オオクニヌシノカミ》に国譲りを迫りました。大国主神《オオクニヌシノカミ》の御子の建御名方神《タケミナカタノカミ》は抵抗しましたが、屈服させて国譲りを成功に導いたのが武甕槌大神《タケミカズチノオオカミ》です。

常陸《ひたち》国《のくに》の一宮《いちのみや》で関東有数の鹿島神宮の創祀《そうし》は、神《じん》武《む》天皇元（紀元前660）年と伝えられています。神武天皇東征の際、熊野で難局に陥り、そのとき、武甕槌大神《タケミカズチノオオカミ》が高倉下《タカクラジ》を通じて天皇に神剣を授けて救います。**その恩に感謝した天皇が、当地に武甕《タケミカ》槌大神《ズチノオオカミ》を祀ったのが始まり**だといわれています。

▲**鹿島神宮の本殿**（写真提供／鹿島神宮）

この地は、かつて蝦夷《エミシ》平定の最前線基地でもありました。**朝廷はこの地に日本屈指の軍神を鎮座させることで、東方の守りとした**のです。鹿島神宮は朝廷の守護神として崇敬され、歴代の権力者にも幅広く信仰されました。

なお『日本書紀』には、武甕槌大神《タケミカズチノオオカミ》とともに、経津主神《フツヌシノカミ》という神が国譲りの交渉にあたったと記されています。この経津主神《フツヌシノカミ》を祀るのが、鹿島神宮とは利根川を挟んで相対する位置にある香取神宮《かとりじんぐう》*です。そのためこの二神は、今も力を合わせて東方の守りを固めているのです。

*香取神宮：利根川下流の南岸に鎮座する、下総国一宮。武甕槌大神《タケミカズチノオオカミ》と同じく武神として崇拝された経津主神《フツヌシノカミ》を祀る。東国守護の武神として、武家からの尊敬が厚かった。現在の本殿は江戸幕府五代将軍・徳川綱吉によって造営されたものである。

大事件を平定させた

石清水八幡宮《いわしみずはちまんぐう》

祭神　応神天皇《おうじんてんのう》（誉田別尊《ホンダワケノミコト》）、比咩大神《ヒメオオカミ》（多紀理毘賣命《タギリビメノミコト》・市寸島姫命《イチキシマヒメノミコト》・多岐津比賣命《タギツヒメノミコト》）、神功皇后《じんぐうこうごう》（息長帯比賣命《オキナガタラシヒメノミコト》）

住所　京都府八幡市八幡高坊30

アクセス　京阪電車石清水八幡宮駅から石清水八幡宮参道ケーブルに乗り換えケーブル八幡宮山上駅下車徒歩5分

石清水八幡宮の本殿には、応神《おうじん》天皇（誉田別尊《ホンダワケノミコト》）が祀られています。八幡神社では**応神天皇とその母神の神功皇后《じんぐうこうごう》、比咩大神《ヒメオオカミ》の三柱を祀って「八幡大神」と総称**します。

平安時代初期の貞観元（859）年に、南都大安寺《だいあんじ》の僧・行教《ぎょうきょう》が宇佐八幡宮《うさはちまんぐう》〔➡P118〕に参詣したとき、**「吾《わ》れ都《みやこ》近き男山《おとこやま》の峯《みね》に移座して国家を鎮護《ちんご》せん」**との神託を受けます。同年、京都府南部にある男《おとこ》山《やま》の峯に御神霊を奉安して、翌貞観二年に社殿を造営したのが起源とされます。

その80年後の天慶二（939）年、平将門《たいらのまさかど》・藤原純友《すみとも》の乱が勃発。朝廷は石清水八幡宮に勝利を祈願。それにより乱が速やかに平定されたことから、石清水八幡宮への崇敬がさらに高まりました。

石清水八幡宮は、**伊勢神宮に次ぐ国家第二の宗廟《そうびょう》***として崇められ、天皇や上皇も行幸《ぎょうこう》を重ねました。平安時代末期の武将・源義家《みなもとのよしいえ》は、7歳の春に神前で元服し「八幡太郎」と名乗りました。それ以後、八幡大神は一族の氏神《うじがみ》として源氏に厚く信仰されたのです。9月15日の石清水祭は、賀《か》茂祭《もさい》（賀茂社）・春日祭《かすがさい》（春日大社）とともに「日本三大勅祭《ちょくさい》」のひとつと称されています。

▼**石清水八幡宮の楼門**（写真提供／石清水八幡宮）

＊**国家第二の宗廟**：宗廟は皇室の祖先を祀る御霊屋。石清水八幡宮は、朝廷の祖神を祀る「太祖」であるため、「国家第二の宗廟」と呼ばれる。

鶴《つる》岡《おか》八《はち》幡《まん》宮《ぐう》

源氏の心のよりどころ

祭神 応神天皇《おうじんてんのう》、比売神《ひめがみ》、神功皇后《じんぐうこうごう》
住所 神奈川県鎌倉市雪ノ下2-1-31
アクセス JR横須賀線・江ノ島電鉄鎌倉駅より徒歩10分

国家《こっか》鎮護《ちんご》に霊験《れいげん》があるとされた八幡信仰（➡P118）は、朝廷から武士へと広がっていきました。奥州《おうしゅう》平定を命じられた源頼義《みなもとのよりよし》は、出陣に際して京都の石清水八幡宮に加護を祈り、凱旋します。頼義は、康平六（1063）年、**鎌倉の由比ヶ浜《ゆいがはま》に石清水八幡宮を源氏の氏神《うじがみ》として勧請《かんじょう》**しました。これが鶴岡八幡宮の始まりです。

治承四（1180）年には、源頼朝《みなもとのよりとも》が由比ヶ浜の八幡宮を現在の地に遷し、さらに建久二（1191）年には現在見るような上下両宮の姿となります。その後は関東の総鎮守《そうちんじゅ》と位置づけられ、鎌倉幕府の宗社として、源氏の精神的支柱となりました。また、源氏の氏神ということだけでなく、**武家の守護神**としても広く崇敬を集めました。

▼**鶴岡八幡宮の楼門**（写真提供／鶴岡八幡宮）

江戸時代には、徳川幕府の庇護を受けて社殿の整備が進みました。現在の本宮は、第11代将軍徳川家斉《いえなり》の造営で、若宮（下宮）とともに国の重要文化財に指定されています。

境内には源氏ゆかりの史跡《しせき》が多くあります。源頼朝・実朝《さねとも》を祀る白旗《しらはた》神社、*静御前《しずかごぜん》が義経《よしつね》を思って舞った若宮の回廊跡に造営された舞殿、頼朝が妻政子《まさこ》の安産を祈って整備した参道「段葛《だんかづら》」があります。

*静御前：平安時代末期の白拍子。源義経が追われる身になると源頼朝に捕らえられ、鶴岡八幡宮の社前で義経を慕って舞を舞った。

平家が厚く信仰した

厳《いつく》島《しま》神《じん》社《じゃ》

祭神 市《イチ》杵《キ》嶋《シマ》姫命《ヒメノミコト》、田《タ》心《ゴリ》姫命《ヒメノミコト》、湍《タギ》津《ツ》姫命《ヒメノミコト》

住所 広島県廿日市市宮島町1-1

アクセス JR山陽本線宮島口駅前より連絡船乗車10分

▲**厳島神社の社殿**（写真提供／宮島観光協会・撮影：新谷孝一）

日本三景のひとつで、世界文化遺産にも登録された「安芸《あき》の宮島《みやじま》」。そこに鎮座するのが厳島神社です。**古来、宮島は島全体が神の島とみなされていました。**潮が満ちると、社殿が海上に浮かんでいるように見えます。

推古《すいこ》天皇元（593）年、土地の豪族・佐伯鞍職《さえきくらもと》が神託により社殿を造営します。ついで仁安三（1168）年、平清盛《たいらのきよもり》の援助を得て、佐伯景弘《さえきかげひろ》が現在のような社殿を造営しました。本殿や平舞台、高舞台などを回廊で結ぶという優美な海上建築が完成しました。

祭神は**市《イチ》杵《キ》嶋《シマ》姫命《ヒメノミコト》、田《タ》心《ゴリ》姫命《ヒメノミコト》、湍《タギ》津《ツ》姫命《ヒメノミコト》で、古来より海上守護の女神として信仰**されてきました。瀬戸内海の航路を掌握し、日宋貿易《にっそうぼうえき》を進めた平家にとって、航海安全を守ってくれる厳島神社への参詣は欠かせないものでした。こうして**厳島神社は、平清盛の信仰を得て大いに栄えました。**

弘治元（1555）年に毛利元就《もうりもとなり》が厳島の合戦で勝利すると、毛利氏もまた厳島神社を深く崇敬し、保護を受けるようになりました。豊臣秀吉《とよとみひでよし》も武運を祈願するとともに、＊千畳閣《せんじょうかく》（大経堂）の建立を命じています。

＊**千畳閣**：現在は厳島神社の末社、豊国《とよくに》神社となっている。豊臣秀吉が大経堂として建立した。秀吉の死により工事が中止されて、未完成のまま残る。全部畳を敷くと857畳にもなる巨大な建築物。

〝えべっさん〟をお祀りする

西《にし》宮《みや》神《じん》社《じゃ》

祭神　西宮《えびす》大神《おおかみ》、天照大御神《アマテラスオオミカミ》、大国主大神《オオクニヌシノオオカミ》、須佐之男大神《スサノオノオオカミ》

住所　兵庫県西宮市社家町1-17

アクセス　阪神電鉄西宮駅より徒歩5分

西宮神社は、**えびす大神《おおかみ》**を祀っています。商売繁盛などにご利益のある神様で、庶民からは「西宮のえべっさん」と呼ばれて親しまれています。「**えびすさま」は元来、海の神・漁業の神で、異郷から漂着して福をもたらしてくださる**…と信じられていましたが、後に、神話に登場する水蛭児神《ヒルコノカミ》（⇩P52）と同一視されるようになります。

水蛭児神《ヒルコノカミ》は、伊耶那岐神《イザナキノカミ》・伊耶那美神《イザナミノカミ》の子として生まれましたが、体が弱かったので葦船《あしふね》で海へ流されました。その後、西宮の地ですくい上げられ、「えびす」として祀られます。ついには西宮《えびす》大《おお》神《かみ》と尊称されるようになりました。

始まりは不明ですが、平安時代には廣田《ひろた》神社の摂社《せっしゃ》の南宮《なんぐう》が現在の社地にあり、境内に戎社《えびすしゃ》があったとわかっています。ここから**えびす信仰が盛んになり、西宮の町が形成された**といいます。

西宮神社のえびす信仰を広めたのは傀儡《くぐつ》*です。室町時代に入ると、「夷《えびす》かき」と称して、各地を巡遊して人形操りを演じ、えびすさまの神徳を説いたといいます。

毎年1月9日からの3日間、十日《とおか》えびすが行われます。「開門神事福男選び」では、参拝者が本殿をめざして一斉に走り参りをし、先にたどりついた3名がその年の「福男《ふくおとこ》」に認定されます。

西宮神社の本殿（写真提供／西宮神社）

＊傀儡：操り人形の人形劇を行う芸能集団。芸人として、諸国を回った。

富士山の神霊を祀る

富《ふ》士《じ》山《さん》本《ほん》宮《ぐう》浅《せん》間《げん》大《たい》社《しゃ》

祭神 木花之佐久夜毘売命《コノハナノサクヤビメノミコト》（浅間大神《アサマノオオカミ》）

住所 静岡県富士宮市宮町1-1

アクセス JR身延線富士宮駅より徒歩10分

◀富士山本宮浅間大社の社殿

古来、富士山は神霊が宿る聖なる山といわれていて、『万葉集』などにも富士山を詠んだ歌が多くあります。つまり**霊峰富士の神霊を祀る**のが富士山本宮浅間大社で、多くの浅間神社の総本社と称えられています。

社伝によれば、第七代孝霊《こうれい》天皇の御代に富士山が大噴火。それを鎮めるため、第十一代垂仁《すいにん》天皇三（紀元前27）年に、天皇は富士山麓の「山足の地」に浅間大神《アサマノオオカミ》を祀りました。その後、富士山を直接遥拝する山宮へと遷座されました。

大同元（806）年、*坂上《さかのうえの》田村麻呂《たむらまろ》は、詔《みことのり》を奉じて現在の地に社殿を造営。「山宮《やまみや》」より神霊を遷祀《せんし》しました。富士山の美しい姿から、神話に登場する**木花之佐久夜毘売命**《コノハナノサクヤビメノミコト》［➡P58］**と浅間大神とが同一視**されるようになりました。

当社に対する朝廷や武家の崇敬は厚く、現在の社殿は、徳川家康が造営したものです。江戸時代には、各地に浅間神社が勧請《かんじょう》されました。

▲『絹本著色富士曼荼羅図』（写真提供／富士山本宮浅間大社）

＊**坂上田村麻呂**：奈平安時代の武官。征夷大将軍として、敵対する陸奥国の蝦夷討伐に功績を残した。

延命・長寿で有名

多賀大社《たがたいしゃ》

祭神 伊邪那岐大神《イザナキノオオカミ》、伊邪那美大神《イザナミノオオカミ》

住所 滋賀県犬上郡多賀町多賀604

アクセス 近江鉄道多賀線多賀大社前駅より徒歩10分

多賀大社は、**古くから「お多賀さん」の名で親しまれてきました。**祭神は、日本の国土や神々を生んだ**伊邪那岐大神《イザナキノオオカミ》・伊邪那美大神《イザナミノオオカミ》**（⇒P52）の二柱です。滋賀県で最も有名な古社で、今も多くの人々の崇敬を集めています。『古事記』によると、「伊邪那岐大神《イザナキノオオカミ》は淡海《あふみ》の多賀に坐すなり」とあります。

この神社は、長らく神仏習合《しんぶつしゅうごう》の強い影響下にありました。室町時代中期には、天台宗の不動院《ふどういん》が*神宮寺《じんぐうじ》として栄え、その神宮寺配下の坊人たちが全国を行脚《あんぎゃ》し、多賀信仰を広めました。その結果、多賀は伊勢や熊野に劣らず、多くの参詣者を集めることとなりました。「お伊勢参らばお多賀へ参れ　お伊勢お多賀の子でござる」という俗謡《ぞくよう》からも、その隆盛ぶりがうかがえます。

▼多賀大社の社殿（写真提供／多賀大社）

多賀大社の**＊延命長寿《えんめいちょうじゅ》の霊験《れいげん》はよく知られています。**長寿祈願の縁起物として有名なのは「お多賀杓子《じゃくし》」です。その由来は古く、奈良時代のこと。＊元正《げんしょう》天皇の病気平癒《へいゆ》を祈っておこわを炊き、シデの木で作った杓子と一緒に奉納したところ、天皇の病気が全快したといいます。その故事にちなんだ木製のしゃもじが、今も長寿のお守りとして参詣者の人気を集めています。

＊**神宮寺**：神仏習合思想に基づいて、神社に附属して作られた寺院のこと。宮寺とも。
＊**延命長寿の霊験**：拝殿東回廊脇に、延命長寿にご利益のある寿命石が置かれている。
＊**元正天皇**：奈良時代初期の女帝。のちの聖武天皇がまだ幼かったために即位した。

氷《ひ》川《かわ》神《じん》社《じゃ》

出雲神話にゆかりの神社

祭神 須佐之男命《スサノオノミコト》、稲田姫命《イナダヒメノミコト》、大己貴命《オオナムチノミコト》
住所 埼玉県さいたま市大宮区高鼻町1-407
アクセス JR大宮駅東口より徒歩20分

氷川神社は**武蔵国《むさしのくに》の一宮《いちのみや》で、勅祭《ちょくさい》の社《やしろ》**です。東京・埼玉・神奈川を中心に鎮座し、その数は280社もある氷川神社の総本社です。

氷川神社の始まりは今から2400年以上前で、孝昭《こうしょう》天皇の治世と伝えられています。一説には成《せい》務《む》天皇の治世に、武蔵の国造《くにのみやつこ》（地方官）になった出雲国の兄多毛比命《エタモヒノミコト》が一族を連れてこの地に移住し、**杵築大社《きづきたいしゃ》（現在の出雲大社）の分霊を勧請《かんじょう》したことが始まり**といわれます。社名は、出雲の簸《ひ》川《かわ》から名付けられたとも伝わります。

▲**氷川神社の本殿**（写真提供／氷川神社）

そのため、氷川神社の祭神は出雲神話で有名な**須佐《スサ》之男命《ノオノミコト》、妻の稲田姫命《イナダヒメノミコト》**、また須佐之男命《スサノオノミコト》の子孫である**大己貴命《オオナムチノミコト》**です。「大宮《おおみや》」の地名は、氷川神社が「大いなる宮居」と称えられたことに由来するといいます。

氷川神社は、**古くから朝廷や武将たちの信仰を集めました**。日本武尊《ヤマトタケルノミコト》は東夷《とうい》鎮定の際、この地に留まって祈願したと伝わります。鎌倉時代には源頼朝《みなもとのよりとも》が社殿の再建と社領の寄進を行い、戦国時代には、足利《あしかが》氏、北条《ほうじょう》氏が崇敬しました。江戸時代、徳川幕府が社領の寄進や社殿の造営を行っています。明治元（1868）年に明治天皇が氷川神社に行幸《ぎょうこう》して、當国総鎮守《＊とうごくのそうちんじゅ》勅祭の社に定められました。

＊**當国総鎮守勅祭の社**：當国は武蔵国のこと。明治天皇は親しく氷川神社に行幸され、自ら祭祀を執行された。以後、氷川神社は武蔵国の総鎮守として、毎年、奉幣使《ほうへいし》が派遣されている。これを勅祭の社という。

◀日光東照宮の社殿（写真提供／日光東照宮）

徳川家康を祀る

日光東照宮《にっこうとうしょうぐう》

祭神 東照大権現《とうしょうだいごんげん》（徳川家康《とくがわいえやす》）

住所 栃木県日光市山内2301

アクセス JR日光駅・東武日光駅よりバス「西参道入口」下車徒歩10分

日光東照宮の正式名称は「東照宮」です。**全国にある東照《とうしょう》大権現《だいごんげん》を祀る東照宮の総本社**であり、他の東照宮と区別するために日光東照宮と呼ばれます。ほかの東照宮では、静岡県の*久能山《くのうざん》東照宮や、群馬県の世良田《せらだ》東照宮などが有名です。

祭神の**徳川家康《とくがわいえやす》**は「私の遺体は久能山におさめ、一周忌が過ぎたら日光山に小さな堂を建てて勧請《かんじょう》し、神として祀るようにせよ。そうすれば私は、関八州《かんはっしゅう》（関東）の鎮守となるだろう」と言い残して死去したとされます。1年後、朝廷から東照大権現の神号を贈られ、家康の遺体は、久能山から日光の地に改葬されました。このとき、天海《てんかい》の山《さん》王一実神道《のういちじつしんとう》で祀られました。

「大権現」の神号《しんごう》は、神仏習合《しんぶつしゅうごう》の影響を受けています。仏が神の姿になって現れた本地垂迹説《ほんじすいじゃくせつ》により、家康は薬師如来《やくしにょらい》の仮の姿とされました。

絢爛豪華な御本社は権現造《ごんげんづくり》【↓P93】と呼ばれ、江戸幕府三代将軍・家光《いえみつ》の代に造られたもの。有名な彫刻家・左甚五郎《ひだりじんごろう》作の「眠り猫」や「三猿」など極彩色の彫刻で飾られています。彫刻は全部で573体にものぼり、そのうちの*陽明門《ようめいもん》だけで508体もあります。

*久能山：静岡県静岡市駿河区にある。現在は、そこに久能山東照宮が鎮座する。
*陽明門：東の正門。日光東照宮の陽明門は、工芸、装飾の粋が凝縮され、一日中見ても飽きないことから「日暮の門」とも呼ばれる。

安産の神と武神を祀る

鹽竈神社《しおがまじんじゃ》

祭神 鹽土老翁神《シオツチオジノカミ》、武甕槌神《タケミカヅチノカミ》、経津主神《フツヌシノカミ》

住所 宮城県塩竈市一森山1-1

アクセス JR仙石線本塩釜駅より徒歩15分

鹽竈神社は**陸奥国《むつのくに》の一宮《いちのみや》で、全国の鹽竈神社の総本社**です。また、農耕守護神の*志波彦《しわひこ》神社が右側境内に鎮座しています。奈良時代、近隣の多賀《たが》城《じょう》に国府《こくふ》・鎮守府《ちんじゅふ》が置かれて、東北鎮護の神とされ、朝廷や武家、庶民の崇敬を集めてきました。中でも、奥州藤原《おうしゅうふじわら》氏や仙台藩伊達《だて》氏が厚く尊崇していました。

鹽竈神社の祭神は、山幸彦《ヤマサチヒコ》・海幸彦《ウミサチヒコ》の神話〔➡P38〕に登場する、**鹽土老翁神《シオツチオジノカミ》**（**塩椎神《シオツチノカミ》**）と、大国《オオクニ》主神《ヌシノカミ》と談合して国譲り〔➡P34〕を遂行した**武甕槌《タケミカヅチノ》神《カミ》・経津主神《フツヌシノカミ》**です。

鹽土老翁神《シオツチオジノカミ》は、国譲りの後、東北地方平定の役割を担った武甕槌神《タケミカヅチノカミ》と経津主神《フツヌシノカミ》を先導したといわれています。鹽土老翁《シオツチオジノ》神《カミ》は、奥州平定後もこの地に留まって、人々に製塩方法を教えました。そのため、鹽竈神社は**導きの神**ともされました。

また、潮の満ち引きを司る神であるため、**海上安全の神、さらに安産守護の神**として、全国より信仰されています。

社殿は、唐門を入った右手に鹽土老翁神《シオツチオジノカミ》を祀る別宮本殿と拝殿、正面に武甕槌神《タケミカヅチノカミ》と経津主神《フツヌシノカミ》を祀る左右二棟の本殿と一棟の拝殿があります。三本殿二拝殿という全国でも珍しい建築様式です。

▼鹽竈神社の左右宮拝殿（写真提供／鹽竈神社）

*志波彦神社：当社はもと宮城郡岩切村に鎮座していた。1874年に鹽竈神社の別宮として遷祀、1938年に現在地に遷祀された。

交通安全のご利益で人気

宗《むな》像《かた》大《たい》社《しゃ》

祭神 田心姫神《タゴリヒメノカミ》（沖津宮）、湍津姫神《タギツヒメノカミ》（中津宮）、市杵島姫神《イチキシマヒメノカミ》（辺津宮）

住所 福岡県宗像市田島2331

アクセス JR東郷駅より西鉄バスで「宗像大社」下車すぐ

◀総社辺津宮の本殿と拝殿（写真提供／宗像大社）

宗像大社は、**全国に約6200社余りある宗像神を祀る神社の総本宮**で、厳島《いつくしま》神社（⬇P156）の元宮ともいいます。九州本土と朝鮮半島を結ぶ、玄海《げんかい》灘《なだ》洋上約60キロに浮かぶ**沖ノ島（沖津宮《おきつぐう》・田心姫神《タゴリヒメノカミ》）**、海岸約10キロの沖合にある**大島《おおしま》（中津宮《なかつぐう》・湍《タギ》津姫神《ツヒメノカミ》）**、宗像市の**田島《たしま》（総社辺津宮《へつぐう》・市杵島姫神《イチキシマヒメノカミ》）**の三宮を総称しています。この三女神（宗像三女神）は、素戔嗚尊《スサノオノミコト》が天照大御神《アマテラスオオミカミ》に身の潔白を証明するために行った誓《う》約《けい》で生まれました（⬇P24）。また、三女神は天照《アマテラス》大御神《オオミカミ》から、「天孫《あめみま》を助け奉り、天孫を祭りなさい」との神勅《しんちょく》を受けて、宗像の三宮に天降ったと伝えられています。

『日本書紀』では「**道主貴《みちぬしのむち》」と呼ばれ、あらゆる「道」を司る神**として崇敬を受けます。近代では、鉄道関係者からの祈願が、昭和三十年代になり自動車が普及すると自動車の安全祈願が増え、北部九州では交通安全の神社として知られています。

田心姫神《タゴリヒメノカミ》を祀る沖ノ島に住人はおらず、神職がたった一人、10日交代で神明に奉仕し、一般人の上陸は許されないなどの掟によって守られています。昭和二十九年からの発掘調査で、8万点にのぼる貴重な宝物が発見され、「海の正倉院《しょうそういん》」*とも称されています。

＊海の正倉院：発掘調査で発見された金製指輪、銅鏡、勾玉など8万点にもおよぶ貴重な宝物は、すべて国宝。また、同島は現在「『神宿る島』宗像・沖ノ島と関連遺産群」と称してユネスコの世界文化遺産に登録されている。

Q お祭りの華である「神輿《みこし》」。いつから担がれるようになった?

奈良時代	or	鎌倉時代	or	江戸時代

神様は、普段は神社の本殿に鎮まっていますが、祭礼のときには本殿よりお出ましになります。このときに、神様が乗る乗り物が「神輿」です。ちなみに、神輿が神社からお出ましになることを「渡御《とぎょ》」といい、お帰りになることを「還御《かんぎょ》」といいます。

さて、神輿はいつ頃から祭礼に欠かせないものとして、使われ始めたのでしょうか?

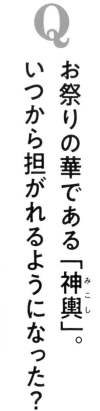

おもな江戸の祭り

神田祭	神田神社が行う祭礼。山王祭と隔年交替で行われる。約200の神輿が神社を目指す「神輿宮入」は圧巻。
山王祭	日枝神社が行う祭礼。神田祭と隔年交替で行われる。300mもの祭礼行列で東京を練り歩く。
深川祭	富岡八幡宮が行う祭礼。担ぎ手へのお浄めとして水をかける「水かけ祭り」ともいわれる。

▲落合芳幾『天王御祭礼之図（部分）』
（東京都立中央図書館蔵）

神輿の起源には、諸説ありますが、**天平勝宝元（749）年の東大寺大仏建立の頃という説が有力**です。

八幡神とお供の宇佐神宮の大神杜女《おおがのもりめ》が、大仏造立に協力するために上京したとき、高貴な紫の輦輿《れんよ》に乗って東大寺転害門《てんがいもん》をくぐりました。これを大勢の僧侶と文武百官がお迎えした…というのが、神輿の発祥といわれます。

ですので、答えは「奈良時代」となります。

神輿の形は神社の本殿を模して小型化したものが多いとされます。ちなみに祭礼の日、神の御分霊《ごぶんれい》を移した神輿が神社を離れ、氏子《うじこ》区域内に渡御することを神幸祭《しんこうさい》といいます。

こうした神輿は、平安時代以降に急速に普及しました。比叡山延暦寺の僧兵による朝廷への強訴《ごうそ》の際、日吉《ひよし》大社の神輿が奉載され、強訴に利用されています。

近世に入ると、神社の宮神《みやみ》輿《こし》だけでなく、各町内ごとに町会《ちょうかい》神輿が作られました。東京都では江戸三大祭りの神田祭・山王祭・深川祭を始め、三社祭、天王祭などが知られ、壮麗な神輿渡御が行われています。氏子たちは神輿に長くいてほしいので、神輿還御は夜になることが多いのです。

秋葉信仰の中心となった

秋葉山本宮秋葉神社《あきはさんほんぐうあきはじんじゃ》

祭神　火之迦具土大神《ヒノカグツチオオカミ》

住所　静岡県浜松市天竜区春野町領家841

アクセス　JR浜松駅より遠州鉄道西鹿島駅下車、タクシーで40分

火伏《ひぶ》せの神として信仰されている神社。御祭神は**火之迦具土大神《ヒノカグツチオオカミ》**で、諸厄諸病《しょやくしょびょう》を除き、火防開運、家内安全、商売繁盛として信仰を集めています。戦国時代に入ると、武田信玄や豊臣秀吉ら武家からの崇敬《すうけい》を受けました。「秋葉《あきは》の火まつり」が有名で、12月16日夜半の防火祭には、秘伝の弓・剣・火の三舞の神事が行われています。

火除けのお札が有名

愛宕神社《あたごじんじゃ》

祭神　【本宮】伊弉冉尊《イザナミノミコト》、埴山姫命《ハニヤマヒメノミコト》、天熊人命《アマノクマヒトノミコト》、稚産霊神《ワクムスヒノカミ》、豊受姫命《トヨウケヒメノミコト》
【若宮】雷神《イカヅチノカミ》、迦遇槌命《カグツチノミコト》、破无神《ハムシノカミ》

住所　京都市右京区嵯峨愛宕町1

アクセス　JR京都駅より京都バス「清滝」下車徒歩120分

全国約800社を数える愛宕《あたご》神社の本社です。主祭神は**伊弉冉尊《イザナミノミコト》**。京都の愛宕山の山頂にあり、火除《ひよ》けの神として信仰されています。**古くより火伏・防火に霊験のある神社**として知られ、京都では多くの家庭で愛宕神社の「火迺要慎《ひのようじん》」のお札が貼られています。7月31日の夕方から8月1日早朝にかけての「千日詣《せんにちまいり》」は、一日で1000日分の功徳《くどく》があるといわれます。

草薙神剣を御霊代とする

熱《あつ》田《た》神《じん》宮《ぐう》

祭神 熱田大神《アツタノオオカミ》、【相殿】天照大御神《アマテラスオオミカミ》、素戔嗚尊《スサノオノミコト》、日本武尊《ヤマトタケルノミコト》、宮簀媛命《ミヤスヒメノミコト》、建稲種命《タケイナダネノミコト》

住所 愛知県名古屋市熱田区神宮1-1-1

アクセス 名鉄神宮前駅より徒歩3分

三種《さんしゅ》の神器《じんぎ》のひとつ「**草薙神剣《くさなぎのみつるぎ》**」が**御霊代《みたましろ》**。景行《けいこう》天皇の時代、日本武尊《ヤマトタケルノミコト》は東征の途中で倭姫命《ヤマトヒメノミコト》から神剣を授かり、草を薙ぎ払って向火を放ち、賊を平定し、尾張国造の娘、宮簀媛命《ミヤスヒメノミコト》を妃とします。その後、宮簀媛命《ミヤスヒメノミコト》に草薙神剣を預けて伊吹山の賊の平定に向かいますが、途中で病で亡くなります。残された草薙神剣は宮簀媛命《ミヤスヒメノミコト》によって吾湯市《あゆち》の熱田に祀られました。**国家鎮護《ちんご》の神宮として信仰**されています。

人形供養の神社として有名

淡《あわ》嶋《しま》神《じん》社《じゃ》

祭神 少彦名命《スクナヒコナノミコト》、大己貴命《オオナムチノミコト》、息長足姫命《オキナガタラシヒメノミコト》（神功皇后《じんぐうこうごう》）

住所 和歌山県和歌山市加太118

アクセス 南海電鉄加太駅より徒歩20分

安産、子授け、婦人病の神で、**裁縫の上達や人形供養の神社**としても知られます。淡嶋様《あわしまさま》は少彦名命《スクナヒコナノミコト》ともいわれています。

新羅からの帰途で激しい嵐に遭った神功皇后《じんぐう》は、船の中で神のお告げを受け、無事に友ヶ島にたどりつきます。その後、仁徳《にんとく》天皇の代に、友ヶ島の対岸に社殿が建てられたことが創建の由来とされます。

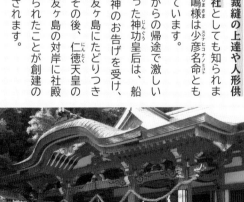

神武東征《じんむとうせい》の神剣を祀る

石上《いその》《かみ》神宮《じんぐう》

祭神 布都御魂大神《フツノミタマノオオカミ》、布留御魂大神《フルノミタマノオオカミ》、布都斯御魂大神《フツシミタマノオオカミ》

住所 奈良県天理市布留町384

アクセス JR・近鉄天理駅より徒歩30分

祭神の布都御魂大神《フツノミタマノオオカミ》は、建御雷神《タケミカヅチノカミ》から熊野の高倉下《タカクラジ》に降ろされた**神剣を神格化**したもの。のちに神剣は神武《じんむ》天皇に献上されました。そのようなことから、当宮は**武器の霊威《れいい》を中心とした信仰**を集めました。古代は朝廷の武器庫で、軍事を司る物部氏《もののべし》が管理していました。明治七年の発掘調査で出土した太刀が布都御魂《ふつのみたま》とされ、本殿が造営されてそこに祀られました。

断崖に位置する洞窟の社

鵜戸神宮《うどじんぐう》

祭神 日子波瀲武鸕鷀草葺不合尊《ヒコナギサタケウガヤフキアエズノミコト》

住所 宮崎県日南市大字宮浦3232

アクセス JR宮崎駅、宮崎空港からバス「鵜戸神宮」下車徒歩15分

鵜戸神宮は海岸の断崖の洞窟内に社殿があり、**神武天皇の父君の日子《ヒコ》波瀲《ナギサ》武《タケ》鸕《ウ》鷀《ガ》草《ヤ》葺《フキ》不合尊《アエズノミコト》が生まれた地**といわれています。彦火火出見尊《ヒコホホデミノミコト》（山幸彦《ヤマサチヒコ》）の子を身ごもった海神《ワタツミ》の娘の豊玉姫命《トヨタマビメノミコト》は、この霊窟《れいくつ》で鸕《ウ》鷀《ガ》草《ヤ》葺不合尊《フキアエズノミコト》を産んだとされます。一時は「西の高野」とうたわれ、**両部神道の一大道場として盛観を極めました。**念流・陰流の剣法発祥の地としても知られています。

神磯の鳥居が有名

大《おお》洗《あらい》磯《いそ》前《さき》神《じん》社《じゃ》

祭神　大己貴命《オオナムチノミコト》、少彦名命《スクナヒコナノミコト》

住所　茨城県東茨城郡大洗町磯浜町6890

アクセス　鹿島臨海鉄道大洗駅よりバスで「大洗磯前神社下」下車すぐ

大洗磯前神社は、海の中に鳥居が立つ神磯《かみいそ》が有名です。毎年元旦に神職が海岸に降りて、初日の出を奉拝します。この神磯は、**祭神の大己貴命《オオナムチノミコト》と少彦名命《スクナヒコナノミコト》が御出現された地**であると伝えられています。社殿は永禄年間の兵乱で焼失しましたが、江戸時代の元禄年間に水戸藩の徳川光圀《みつくに》公・綱條《つなえだ》公によって再興されました。古くより、**医薬に御神徳**があるといわれています。

武将や三島水軍が崇敬

大《おお》山《やま》祇《づみ》神《じん》社《じゃ》

祭神　大山積神《オオヤマツミノカミ》

住所　愛媛県今治市大三島町宮浦3327

アクセス　JR福山駅よりバスで大三島に渡り、バスで「大山祇神社前」下車すぐ

瀬戸内海に浮かぶ大三島《おおみしま》に鎮座しています。**祭神は大山《オオヤマ》積大明神《ツミダイミョウジン》とも称されます**。水軍守護の神として、三島水軍《みしますいぐん》の河野《こうの》氏からの崇敬を受け、北条氏や足利氏など広く武家の信仰を集めてきました。奉納された甲冑《かっちゅう》・刀剣《とうけん》類の宝物は、質・量ともに日本有数。現在は**海上守護**、**農業**、**鉱山の神**として信仰され、境内の楠《くすのき》群は、国の天然記念物に指定されています。

日本最古の舞を行う

鹿児島神宮《かごしまじんぐう》

祭神 天津日高彦穂穂出見尊《アマツヒコヒコホホデミノミコト》、豊玉比売命《トヨタマヒメノミコト》、帯中比子尊《タラシナカツヒコノミコト》、息長帯比売命《オキナガタラシヒメノミコト》、品陀和気尊《ホムタワケノミコト》、中比売命《ナカヒメノミコト》

住所 鹿児島県霧島市隼人町内2496-1

アクセス JR日豊本線隼人駅より徒歩20分

大隅国《おおすみのくに》の一宮《いちのみや》として崇敬されてきました。社伝によれば、神武《じんむ》天皇の頃に、**祭神の彦穂穂出見尊《ヒコホホデミノミコト》の宮である高千穂宮《たかちほのみや》を神社にした**そうです。彦穂《ヒコホ》穂出見尊《ホデミノミコト》とは、山幸彦《ヤマサチヒコ》と海幸《ウミサチ》彦《ヒコ》の神話に登場する山幸彦のことで、妻の豊玉比売命《トヨタマヒメノミコト》とともに祀られています。のちに八幡神《はちまんしん》が合祀《ごうし》され、「正八幡《しょうはちまん》宮《ぐう》」とも呼ばれました。毎年旧暦の8月15日の例祭で行われる「**隼人舞《はやとまい》」は、日本最古の舞**といわれています。

国譲りの神話で活躍した神を祀る

香取神宮《かとりじんぐう》

祭神 経津主大神《フツヌシノオオカミ》

住所 千葉県香取市香取1697

アクセス JR成田線佐原駅よりタクシー10分

『日本書紀』によると、**主祭神の経津主大神《フツヌシノオオカミ》**は、天照大《アマテラスオオ》御神《ミカミ》の命を受けて、武甕槌大神《タケミカズチノオオカミ》とともに出雲の稲佐《いなさ》の浜で大国主神《オオクニヌシノカミ》との国譲《くにゆず》りの交渉を成功に導きました。日本各地を平定し、日本統一の基礎を築いたとされます。**東国守護の武神として、皇室をはじめ武家からの崇敬を集めました**。現在の本殿は、徳川綱吉《つなよし》将軍によって造営されたもの。宝物館には、国宝の「海獣葡萄鏡《かいじゅうぶどうきょう》」など多くの貴重な文化財が収納されています。

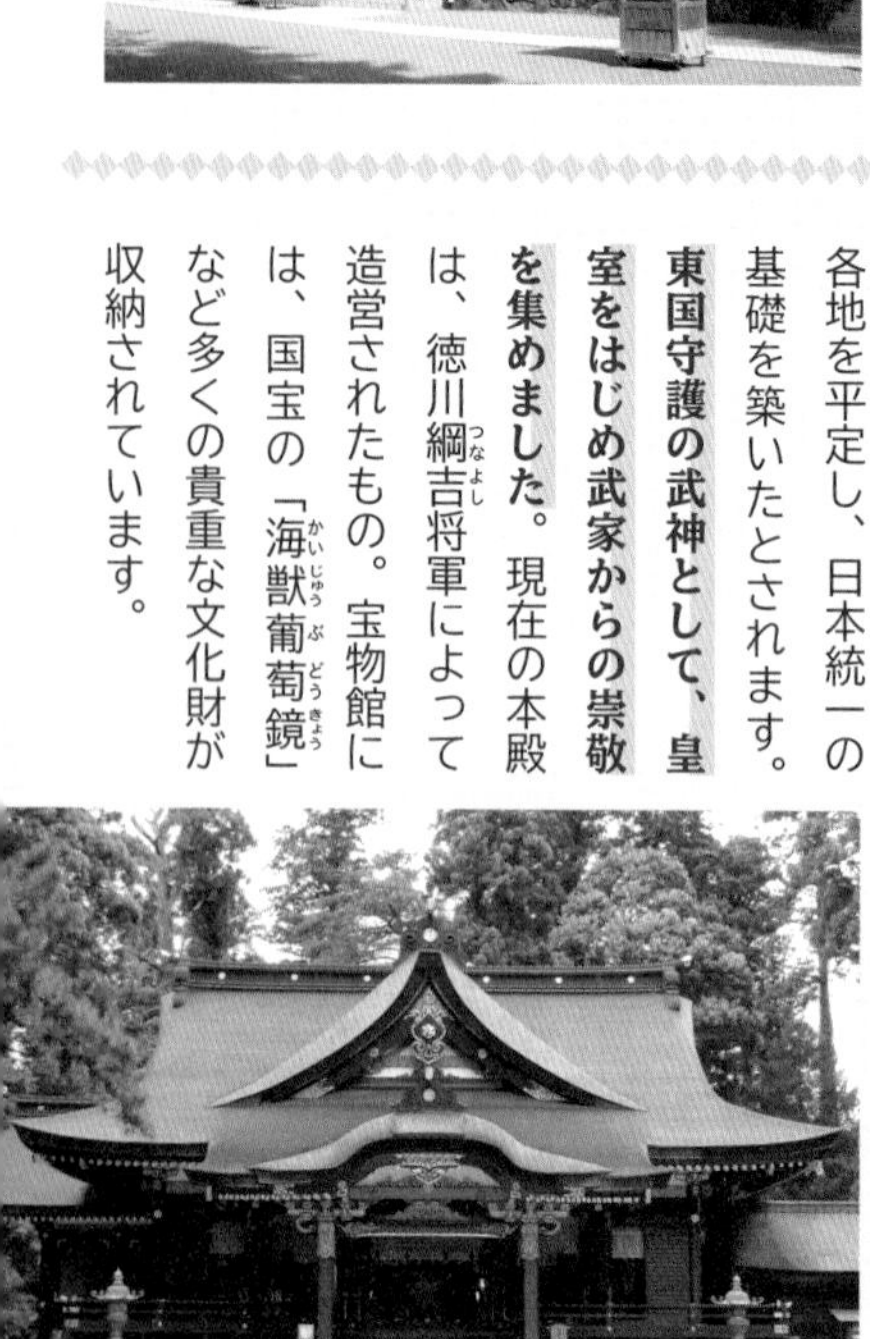

"明神さま"と親しまれる江戸の総鎮守

神田神社《かんだじんじゃ》

祭神　大己貴命《オオナムチノミコト》、少彦名命《スクナビコナノミコト》、平将門命《たいらのまさかどのみこと》

住所　東京都千代田区外神田2-16-2

アクセス　JR御茶ノ水駅、秋葉原駅より徒歩5～10分

神田神社（神田明神）は、大国様といわれる**大己貴命《オオナムチノミコト》**と、恵比寿様といわれる**少彦名命《スクナビコナノミコト》**と、命をかけて民衆を守った**平将門命《たいらのまさかどのみこと》**を祀っています。将門は承平・天慶年間、関東の政治を改革しようとしますが、敗死して晒し首に。その首は将門塚《まさかどづか》に葬られましたが、塚の周辺で天変地異が起こり、当社に祀ることになりました。徳川家康が江戸に入府すると、**江戸の総鎮守《そうちんじゅ》、江戸城の鬼門《きもん》を守る神**となりました。

鴨川の水源地に座す水の神

貴船神社《きふねじんじゃ》

祭神　高龗神《タカオカミノカミ》

住所　京都府京都市左京区鞍馬貴船町180

アクセス　叡山電鉄鞍馬線貴船口駅より徒歩25分

京都の鴨川の水源地にあたる場所にあり、**水源の神、祈雨《きう》、止雨《しう》の神として崇敬**されてきました。平安京が都になってからは、王城鎮護《おうじょうちんご》として、また中世からは縁結び、心願成就《しんがんじょうじゅ》、航海安全の神としても厚く信仰されています。特に末社の結社《ゆいのやしろ》は**縁結びの神として有名**で、和泉式部《いずみしきぶ》が夫と復縁できたという逸話《いつわ》も。境内には御神水が湧き、その水に浮かべると文字が現れる水占《みずうら》みくじがあります。

航海を守る〝こんぴらさん〟

金刀比羅宮《ことひらぐう》

祭神　大物主神《オオモノヌシノカミ》、崇徳天皇《すとくてんのう》（相殿）
住所　香川県仲多度郡琴平町892-1
アクセス　JR土讃線琴平駅より参道入口まで徒歩20分

「こんぴらさん」の名で親しまれる全国の金刀比羅宮の総本宮。**御祭神は、大物主神《オオモノヌシノカミ》と崇徳天皇《すとく》**を合わせて祀っています。神仏《しんぶつ》習合《しゅうごう》思想により、江戸時代までは金毘羅大権現《こんぴらだいごんげん》と称しました。「一生に一度はこんぴら参り」と庶民に愛され、また、**海上航海安全の守護神**として信仰されてきました。江戸時代に、信仰は全国に広がりました。この金毘羅神は寺院でしたが、神仏分離《しんぶつぶんり》令《れい》以降は神社に改められました。

全国の「海神」の総本社

志賀海神社《しかうみじんじゃ》

祭神　底津綿津見神《ソコツワタツミノカミ》、仲津綿津見神《ナカツワタツミノカミ》、表津綿津見神《ウハツワタツミノカミ》
住所　福岡県福岡市東区志賀島877
アクセス　JR香椎線西戸崎駅より西鉄バスで「志賀島」下車徒歩10分

全国の綿津見《わたつみ》神社（海神《ワタツミ》）の総本社とされ、伊邪那《イザナ》岐命《キノミコト》が禊祓《みそぎはらえ》で出現した**綿津見三神《わたつみさんしん》**を奉斎《ほうさい》し、代々阿曇《あずみ》族が祭祀《さいし》を司ってきました。**海上交通の守護神**としての信仰が厚く、神功皇后《じんぐう》が三韓《さんかん》出兵の際に、航海の安全と無事の帰還を祈願された伝説が残っています。毎年1月の歩射《ほしゃ》祭《さい》、4月と11月の山誉《やまほめ》漁《かり》猟祭《すなどりさい》は、県の無形文化財に指定されています。鹿《ろく》角庫《かくこ》には1万本以上の鹿の角が奉納されています。

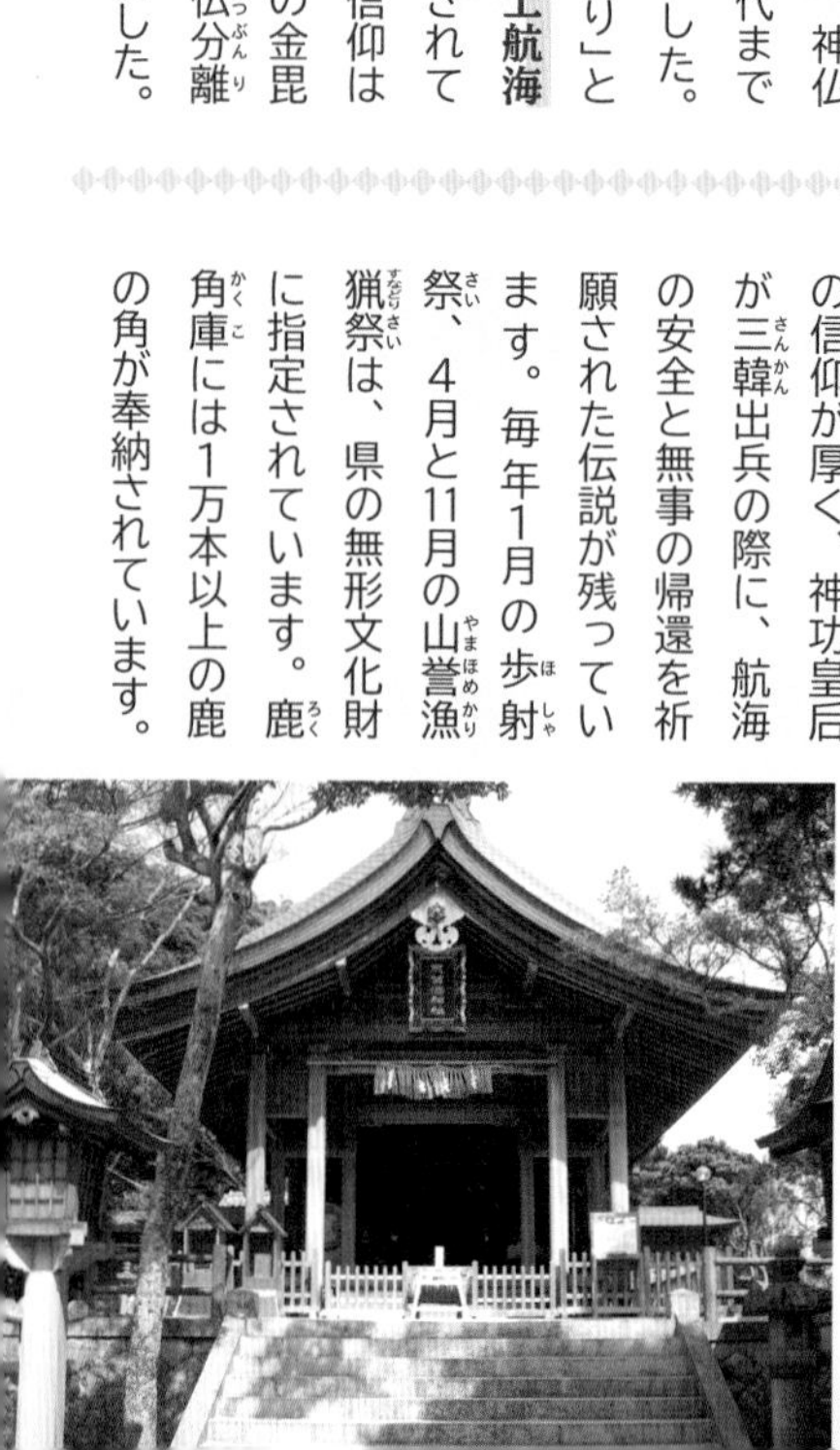

白山信仰発祥の地

白《しら》山《やま》比《ひ》咩《め》神《じん》社《じゃ》

祭神　白山比咩大神《シラヤマヒメノオオカミ》、伊弉諾命《イザナギノミコト》、伊弉冉命《イザナミノミコト》
住所　石川県白山市三宮町二105-1
アクセス　北陸鉄道石川線鶴来駅よりバスで「一の宮」下車徒歩5分

全国に約3000社ある白山《はくさん》神社の総本宮。**霊峰白山を御神体山とする神社**で、山頂に奥宮《おくのみや》が鎮座しています。奥宮は奈良時代、泰澄《たいちょう》という僧侶が初めて登拝《とうはい》し、山頂に祠《ほこら》を祀ったのが起源とされます。その後、加賀・美濃・越前それぞれに、登拝するための拠点が整備されました。白山比咩大神《シラヤマヒメノオオカミ》は菊理媛神《ククリヒメノカミ》のこととされますが、白山妙理権現《ハクサンミョウリゴンゲン》とも呼ばれ、**神仏習合《しんぶつしゅうごう》の神として崇敬を集めました**。

大化の改新にゆかりの地

談《たん》山《ざん》神《じん》社《じゃ》

祭神　藤原鎌足公《ふじわらのかまたりこう》
住所　奈良県桜井市多武峰319
アクセス　近鉄・JR桜井駅よりバスで「談山神社」下車徒歩3分

中臣鎌足《なかとみのかまたり》（のちの藤原鎌足）と中大兄皇子《なかのおおえのおうじ》が、談山神社のある多《と》武峰《うのみね》で**大化《たいか》の改新《かいしん》の談合をしたことが社号の由来**とされます。鎌足の没後、唐から帰国した長男の僧・定恵《じょうえ》が遺体を多武峰に移葬。十三重塔を建立して、廟《びょう》所《しょ》を作りました。大宝元（701）年に鎌足の木像を安置。十世紀頃から天台宗《てんだいしゅう》の多武峰妙楽寺《みょうらくじ》という寺院でしたが、明治の神仏分離令で神社に改められました。

男体山が御神体の神社

日《に》光《こう》二《ふた》荒《ら》山《さん》神《じん》社《じゃ》

祭神　二荒山大神《フタラヤマノオオカミ》、大己貴命《オホナムチノミコト》、田心姫命《タゴリヒメノミコト》、味耜高彦根命《アジスキタカヒコネノミコト》

住所　栃木県日光市山内2307

アクセス　JR日光線・東武日光線日光駅より徒歩35分

霊峰男体山《なんたいさん》（二荒山《ふたらさん》）が御神体。祭神の二荒山大神《フタラヤマノオオカミ》は、大己貴命《オホナムチノミコト》（男体山）、妃神の田心姫命《タゴリヒメノミコト》（女峰山《にょほうさん》）、その御子神の味耜高彦根命《アジスキタカヒコネノミコト》（太郎山《たろうさん》）の総称です。**奈良時代後期に、勝道上人《しょうどうしょうにん》が登拝《とうはい》して祠《ほこら》を祀ったのが始まり**とされています。元和三（1617）年、徳川幕府により東照宮《とうしょうぐう》が創建されると、地主神として厚遇されました。日光名所の華厳《けごん》の滝やいろは坂は、境内の中にあります。

蒙古襲来から国を守った

筥《はこ》崎《ざき》宮《ぐう》

祭神　応神天皇《おうじんてんのう》、神功皇后《じんぐうこうごう》、玉依姫命《タマヨリヒメノミコト》

住所　福岡県福岡市東区箱崎1-22-1

アクセス　JR鹿児島本線箱崎駅より徒歩8分。西鉄バス「箱崎」下車徒歩3分。JR九州バス「箱崎1丁目」下車徒歩2分

日本の著名な八幡宮のひとつで、筥崎八幡宮《はこざきはちまんぐう》とも称されます。蒙古襲来《もうこしゅうらい》のとき、神風が吹いて勝機を得たということから、**厄除《やくよけ》・勝運《しょううん》の神として有名**になりました。また、蒙古襲来によって炎上した社殿の再興にあたり、亀山上皇から「敵国降伏」の書を賜ったことが有名です。足利尊氏《あしかがたかうじ》、大内義隆《おおうちよしたか》、小早川隆景《こばやかわたかかげ》、豊臣秀吉など、歴代の武将からも信仰されました。**独特な形をした一の鳥居は、筥崎鳥居《はこざきとりい》と呼ばれます。**

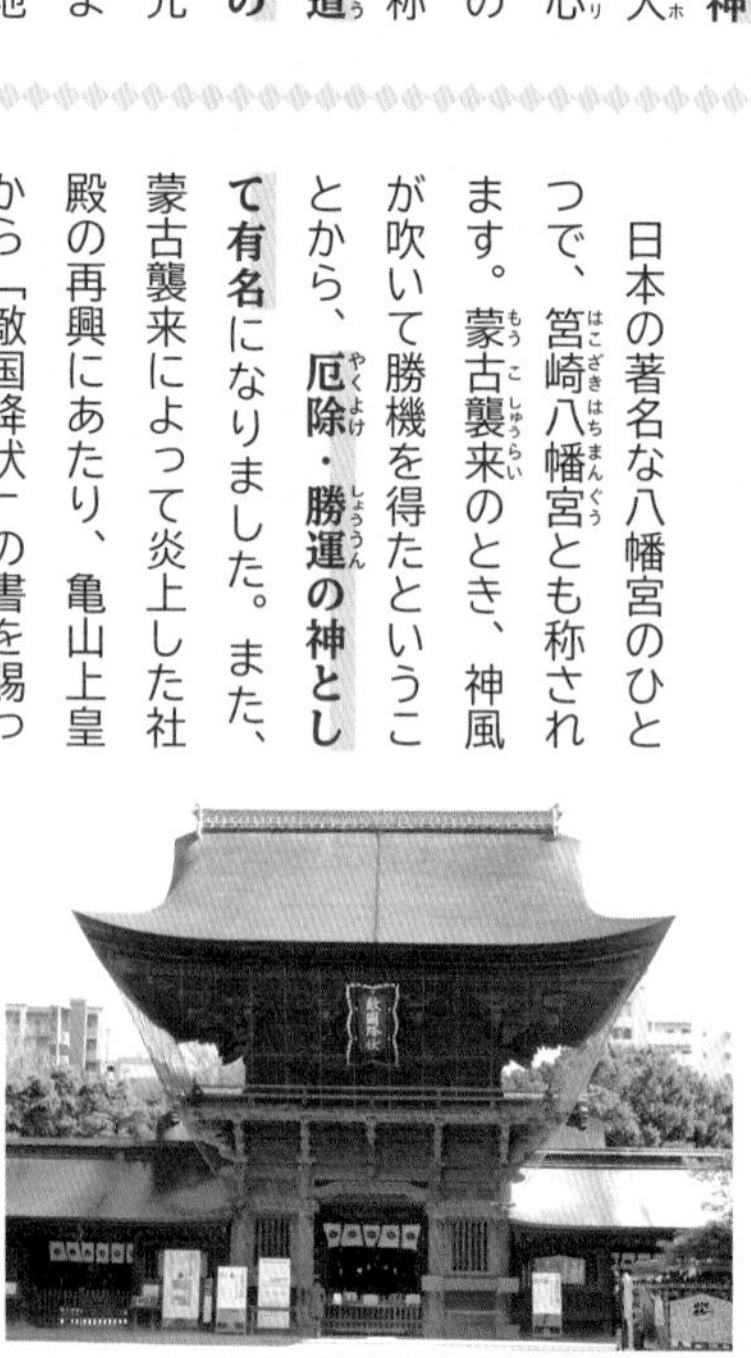

歴代の徳川将軍が崇敬

日枝神社《ひえじんじゃ》

祭神　大山咋神《オオヤマクイノカミ》、国常立神《クニトコタチノカミ》、伊弉冉神《イザナミノカミ》、足仲彦尊《タラシナカツヒコノミコト》

住所　東京都千代田区永田町2-10-5

アクセス　地下鉄東京メトロ銀座線・南北線溜池山王駅より徒歩3分

日枝神社は、江戸城の鎮守《ちんじゅ》として**歴代の徳川将軍から崇敬を受けてきました**。家康が江戸に移封《いほう》してきたとき、城内の紅葉山へ遷座して城内の鎮守としました。以来、徳川将軍家をはじめ、江戸市民から江戸の産土神《うぶすながみ》として崇敬されました。日枝神社の山王祭《さんのうまつり》は、将軍も上覧したことから天下祭といわれます。近年は、**厄除け、安産、縁結び、商売繁盛の神**として知られます。

平安遷都を行った桓武天皇を祀る

平安神宮《へいあんじんぐう》

祭神　桓武天皇《かんむてんのう》、孝明天皇《こうめいてんのう》

住所　京都府京都市左京区岡崎西天王町97

アクセス　京都市営地下鉄東西線東山駅より徒歩10分

明治二十八（1895）年に平安遷都《せんと》1100年を記念し、かつて**平安遷都を行った天皇・第五十代桓武天皇を祀る神社**として創祀《そうし》されました。その後、皇紀二千六百年にあたる昭和十五（1940）年、平安京での最後の天皇となった孝明《こうめい》天皇が祭神に加えられました。毎年10月22日、京都全市域からなる平安講社の人々によって運営される**時代祭《じだいまつり》**が開催されています。

源頼朝ゆかりの神社

三嶋大社《みしまたいしゃ》

祭神 大山祇命《オオヤマツミノミコト》、積羽八重事代主神《ツミハヤエコトシロヌシノカミ》

住所 静岡県三島市大宮町2-1-5

アクセス JR東海道線三島駅より徒歩15分

祭神の大山祇命《オオヤマツミノミコト》は**山林農産の守護神**で、また、事代主神《コトシロヌシノカミ》は恵比須《エビス》様とも俗称され、福徳の神とされます。創建は不明ですが、**古来より三島《みしま》の地に鎮座し、伊豆国の一宮として信仰**されてきました。源頼《みなもとのより》朝《とも》は伊豆流罪の頃から崇敬し、鎌倉幕府を開いて以降、伊豆・箱根とともに当社を重んじていました。夏祭では「源頼朝公旗挙出陣奉告祭《はたあげしゅつじんほうこくさい》」が行われています。

全国のえびす様の総本社

美保神社《みほじんじゃ》

祭神 三穂津姫命《ミホツヒメノミコト》、事代主神《コトシロヌシノカミ》

住所 島根県松江市美保関町美保関608

アクセス JR松江駅より一畑バスで「美保関ターミナル」下車のち美保関コミュニティバス「美保神社入口」下車徒歩3分

祭神の三穂津姫命《ミホツヒメノミコト》は大国主神《オオクニヌシノカミ》の后神《きさきがみ》で、事代主神《コトシロヌシノカミ》は御《み》子神《こがみ》で「ゑびす様」ともいわれます。「事代」の事とは「言」の意味で、**言葉を司る神**です。国譲りの神話に登場し、重要な役割を果たしました。現在は、**商売繁盛のほか、航海安全や大漁を祈願する漁師、船乗りからの信仰**が厚いです。社殿は、大社造《おおやしろづくり》の本殿を左右二棟並立させるという特別な様式となっていて、美保造《みほづくり》と呼ばれます。

明治天皇と昭憲皇太后を祀る代々木の杜

明《めい》治《じ》神《じん》宮《ぐう》

祭神 明治天皇《めいじてんのう》、昭憲皇太后《しょうけんこうたいごう》

住所 東京都渋谷区代々木神園町1-1

アクセス JR山手線原宿駅より徒歩1分。地下鉄千代田線明治神宮前〈原宿〉駅より徒歩1分

明治神宮は、**明治《めいじ》天皇と皇后の昭憲《しょうけん》皇太后を祀ります。**明治天皇は明治四十五（1912）年に、昭憲皇太后は大正三（1914）年に崩御されました。その後、**大正九（1920）年に祭神とゆかりの深い代々木の地に、明治神宮が創建**されました。代々木の杜《もり》は、このときに国民から献木された約10万本の木を植林して誕生しました。初詣の参拝者数は全国一とされ、明治神宮外苑には聖徳記《せいとくき》念《ねん》絵画館や神宮球場などがあります。

越後国の開拓の祖神を祀る

彌《や》彦《ひこ》神《じん》社《じゃ》

祭神 天香山命《アメノカゴヤマノミコト》

住所 新潟県西蒲原郡弥彦村弥彦2887-2

アクセス JR弥彦線弥彦駅より徒歩10分

弥彦山《やひこやま》全体を神域とし、その山麓に鎮座する古社。創建年代は不明ですが、『万葉集』に彌彦神社を詠んだ歌が二首あります。祭神の天香山命《アメノカゴヤマノミコト》は、神武《じんむ》天皇より越後国開拓の詔《みことのり》を受け、住民に漁労や製塩、養蚕、稲作などを教えたと伝えられています。また、源義《みなもとのよし》家《いえ》や源義経《みなもとのよしつね》、上杉謙信《うえすぎけんしん》ら武家からの崇敬を受け、重要文化財の**志田大太刀《しだのおおたち》という巨大な太刀**を所蔵しています。

例祭 or 雑祭 or 中祭

Q 神社のお祭りの中で、もっとも重要なお祭りはどれ？

例祭《れいさい》、新嘗祭《にいなめさい》、厄除祭《やくよけさい》、七五三…。全国に所在する各神社では、年間を通じてさまざまな祭祀《さいし》が執り行われています。現行の神社祭祀は、神社本庁が定めた『神社祭祀規程』によって、大祭《たいさい》（例祭・式年祭など）・中祭《ちゅうさい》・小祭《しょうさい》、雑祭《ざっさい》（諸祭《しょさい》）に区分されています。

さて、これらの祭りについて、神社ではどのお祭りを重要視しているでしょうか？

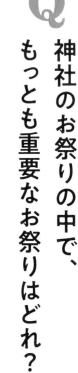

祭りの区分

大祭《たいさい》	大祭式をもって行う祭祀のこと。例祭、祈年祭《きねんさい》、新嘗祭、式年祭《しきねんさい》、鎮座祭《ちんざさい》、遷座祭《せんざさい》、合祀祭《ごうしさい》、分祀祭《ぶんしさい》など、その神社に特別の由緒がある祭祀のこと。
例祭《れいさい》	一年に一度、祭神や神社に由緒のある日に行われる例大祭。古くは大祭《おおまつり》、御祭《おんまつり》とも称され最も重要な祭礼。
式年祭《しきねんさい》	由緒ある神社での定期的に行われる祭祀で、毎年行われる例祭より大規模。
中祭《ちゅうさい》	歳旦祭、元始祭、紀元祭、神嘗当日祭《かんなめとうじつさい》、明治祭《めいじさい》、天長祭《てんちょうさい》など、その他これに準ずる祭祀のこと。
小祭《しょうさい》	大祭、中祭以外のさまざまな祭祀が含まれる。神社の本殿の御扉の開閉を伴わない祭祀のこと。
雑祭《ざっさい》	『神社祭祀規程』に定める神社祭祀以外の祭祀で、人生儀礼に関わる七五三・結婚式など。

お祭り（祭祀）の区分は、古代の律令時代からありました。祭祀を執り行う者が心身を清浄に保つことを斎戒《さいかい》といいますが、律令時代に制定された『神祇令《じんぎりょう》』では、この斎戒の期間の長さに応じて大祀・中祀・小祀に区分していました。これは現行の神社祭祀の区分とは内容は異なりますが、こうした区分の根底にある思想は同じで、心身を清めるための斎戒が重視されています。

さて現代では、大きく分けると**大祭**、**中祭**、**小祭**、**雑祭**という区分になっていますが、最も重要なお祭りは大祭の中の例祭です。

例祭とは、その神社や祭神に特別に由緒のある祭りで、一年に一度だけ行われます。ということで、答えは「例祭」ですね。

ちなみに、中祭には元旦に行われる歳旦祭《さいたんさい》、1月3日に天皇の皇位の元始を祝う元始《げんし》祭《さい》、初代神武天皇の即位を祝う紀元祭《きげんさい》など、国家や公共に関わる性格の祭祀が多くあります。小祭には月次祭《つきなみさい》や除夜《じょや》祭《さい》などがあります。

また、『神社祭祀規程』で定められていない祭りを雑祭といい、厄除祭や地鎮祭《じちんさい》、七五三などの人生儀礼に伴う祭りは、これにあたります。

古事記などの舞台？

10 神話の中に見える神社

記紀《きき》に由来する神社が各地にある

各地には**『古事記』『日本書紀』の神話にゆかりの深い神社が数多くあります**。国生み・神生みを終えた伊弉諾尊《イザナキノミコト》（伊耶那岐神《イザナキノカミ》）は、最初に生み落とした淡路島の多賀に幽宮《かくりのみや》（終焉の住処）を構えます。この幽宮の跡の神陵地に創建されたと伝えられるのが、兵庫県淡路市多賀の**伊弉諾神宮《いざなぎじんぐう》**です。

記紀で有名な天岩屋《あまのいわや》神話の場合は、天岩屋を舞台としているのは、宮崎県高千穂町にある**天岩戸《あまのいわと》神社**といわれています。岩戸川を挟んで、東本宮と西本宮があります。西本宮は本殿がなく、断崖中腹に「天岩戸」と呼ばれる岩窟があり、岩窟をご神体としています。また島根県の＊**八重垣《やえがき》神社**は、素盞嗚尊《スサノオノミコト》〔➡P54〕とその妻・稲田姫命《イナダノヒメノミコト》を祀る神社で、縁結びの神社として人気です。

天孫降臨《てんそんこうりん》〔➡P36〕の場所については、**宮崎県西臼杵郡高千穂町や、鹿児島県霧島市などの伝えがあります**〔➡P37〕。

前者は、同町にある**高千穂神社**に比定され、当社には高千穂皇神《たかちほすめがみ》と総称される瓊々芸命《ニニギノミコト》と妻の木花佐久夜毘売《コノハナノサクヤビメ》に始まる三代の神々、その子孫で十《じゅっ》社大明神《しゃだいみょうじん》、すなわち十柱の神々が祀られています。また後者によれば、瓊々芸命《ニニギノミコト》は、**霧島神宮《きりしまじんぐう》**の背後にそびえる高千穂峰に降臨したとされます。山頂にある「天逆鉾《あまのさかほこ》」は、瓊々芸命《ニニギノミコト》が降臨の際に突き立てたと伝えられます。一説に、この鉾は伊耶那岐神《イザナキノカミ》と伊耶那美神《イザナミノカミ》が海水をかきまぜた「天沼矛《あめのぬぼこ》」の別名ともいわれます。

＊八重垣神社：本殿の中には6神像を描いた壁画があり、現在は宝物館で保管している。その中の素盞嗚尊《スサノオノミコト》と稲田姫命《イナダノヒメノミコト》を描いたものが有名。

神話にゆかりの神々を祀る

神話の中に登場する神社

① 八重垣神社《やえがきじんじゃ》

（島根県松江市）

素盞嗚尊《スサノオノミコト》と稲田姫命《イナダノヒメノミコト》の故事から縁結びとして有名。

② 伊弉諾神宮《いざなきじんぐう》

（兵庫県淡路市）

伊弉諾尊《イザナギノミコト》が鎮座した故事にちなむ。

③ 猿田彦神社《さるたひこじんじゃ》

（三重県伊勢市）

天孫降臨《てんそんこうりん》の際に、先導役となった猿田彦大神《サルタヒコノオオカミ》を祀る。

各地には、日本の神話にまつわる神社が存在する。場所がはっきりしていないところも多い。

④ 高千穂神社《たかちほじんじゃ》

（宮崎県高千穂町）

天孫降臨伝承が伝わり邇々芸《ニニギノ》命《ミコト》を祀った神社。

⑤ 霧島神宮《きりしまじんぐう》

（鹿児島県霧島市）

背後の高千穂峰の頂上には天《あまの》逆鉾《さかほこ》がある。

⑥ 天岩戸神社《あまのいわとじんじゃ》

（宮崎県高千穂町）

西本宮から対岸の天岩戸《あまのいわと》を遥《よう》拝《はい》できる。

写真提供：八重垣神社、伊弉諾神宮、猿田彦神社、高千穂神社、霧島神宮、天岩戸神社

11 その国で一番格式の高い神社？

各国の一《いちの》宮《みや》

一宮＝国内第一位の神社

一宮とは、その国で最も格式が高い第一位の神社のことです。一宮制は平安時代後期（十一世紀後半）にできました。律令制《りつりょうせい》に基づいて神祇《じんぎ》制度が確立し、各国（＊令制国《りょうせいこく》）で国司《こくし》が参拝する神社が定められます。それらの神社を巡拝するのが国司の重要な職務だったのです。このとき、その国で最も格式が高く、国司が最初に参拝すべき神社として定められたのが、一宮なのです。

一宮の選定では、『延喜式神名帳《えんぎしきじんみょうちょう》』に記載の式内社《しきないしゃ》から、その国で最も崇敬を集めている格式の高

各国の一宮

	神社名と所在地
①	鹽竈神社《しおがまじんじゃ》（宮城県）
②	鳥海山大物忌神社《ちょうかいざんおおものいみじんじゃ》（山形県）
③	伊佐須美神社《いさすみじんじゃ》（福島県）
④	都都古別神社《つつこわけじんじゃ》（馬場／福島県）
⑤	都都古別神社《つつこわけじんじゃ》（八槻／福島県）
⑥	石都々古和気神社《いわつつこわけじんじゃ》（福島県）
⑦	鹿島神宮《かしまじんぐう》（茨城県）
⑧	日光二荒山神社《にっこうふたらさんじんじゃ》（栃木県）
⑨	宇都宮二荒山神社《うつのみやふたあらやまじんじゃ》（栃木県）
⑩	貫前神社《ぬきさきじんじゃ》（群馬県）
⑪	氷川神社《ひかわじんじゃ》（埼玉県）
⑫	香取神宮《かとりじんぐう》（千葉県）
⑬	玉前神社《たまさきじんじゃ》（千葉県）
⑭	安房神社《あわじんじゃ》（千葉県）
⑮	鶴岡八幡宮《つるがおかはちまんぐう》（神奈川県）
⑯	寒川神社《さむかわじんじゃ》（神奈川県）
⑰	浅間神社《あさまじんじゃ》（山梨県）
⑱	諏訪大社《すわたいしゃ》（長野県）
⑲	彌彦神社《やひこじんじゃ》（新潟県）
⑳	居多神社《こたじんじゃ》（新潟県）
㉑	度津神社《わたつじんじゃ》（新潟県）
㉒	高瀬神社《たかせじんじゃ》（富山県）
㉓	氣多神社《けたじんじゃ》（富山県）
㉔	氣多大社《けたたいしゃ》（石川県）
㉕	白山比咩神社《しらやまひめじんじゃ》（石川県）
㉖	氣比神宮《けひじんぐう》（福井県）

＊令制国：律令制に基づいて定められた地方の行政区分。例えば、東京は武蔵国、京都は山城国、大阪は河内国（現在の都道府県と完全に一致しない）といった形で全部で68州に分割された。現代では「旧国名」と呼ばれる。

16 寒川神社《さむかわじんじゃ》

写真提供／寒川神社

い神社が選ばれるのが通例でした。また一宮の多くは、近代社格《しゃかく》制度においても官国幣社《かんこくへいしゃ》や国幣大社《こくへいたいしゃ》に加えられます。一宮は一国の総鎮守《そうちんじゅ》として重んじられて、地域によってはほかに、二宮《にのみや》、三宮《さんのみや》が定められることもありました。

かつて一宮は、68州と2つの島に1社ずつ存在していました。しかし時代の移り変わりとともに、現在は交替したり、またひとつの国に複数の一宮が所在するように変化した国もあります。

各国の一宮の例を挙げてみると、能登《のと》

次ページへ続く

- 27 若狭彦神社《わかさひこじんじゃ》（福井県）
- 28 三嶋大社《みしまたいしゃ》（静岡県）
- 29 富士山本宮浅間大社《ふじさんほんぐうせんげんたいしゃ》（静岡県）
- 30 小國神社《おくにじんじゃ》（静岡県）
- 31 砥鹿神社《とがじんじゃ》（愛知県）
- 32 真清田神社《ますみだじんじゃ》（愛知県）
- 33 水無神社《みなしじんじゃ》（岐阜県）
- 34 南宮大社《なんぐうたいしゃ》（岐阜県）
- 35 敢國神社《あえくにじんじゃ》（三重県）
- 36 椿大神社《つばきおおかみやしろ》（三重県）
- 37 伊雑宮《いざわのみや》（三重県）
- 38 建部大社《たけべたいしゃ》（滋賀県）
- 39 賀茂別雷神社《かもわけいかづちじんじゃ》（京都府）
- 40 賀茂御祖神社《かもみおやじんじゃ》（京都府）
- 41 出雲大神宮《いずもだいじんぐう》（京都府）
- 42 元伊勢籠神社《もといせこのじんじゃ》（京都府）
- 43 住吉大社《すみよしたいしゃ》（大阪府）
- 44 枚岡神社《ひらおかじんじゃ》（大阪府）
- 45 大鳥神社《おおとりじんじゃ》（大阪府）
- 46 大神神社《おおみわじんじゃ》（奈良県）
- 47 日前神宮《ひのくまじんぐう》・國懸神宮《くにかかすじんぐう》（和歌山県）
- 48 伊弉諾神宮《いざなぎじんぐう》（兵庫県）
- 49 伊和神社《いわじんじゃ》（兵庫県）
- 50 出石神社《いずしじんじゃ》（兵庫県）
- 51 宇倍神社《うべじんじゃ》（鳥取県）
- 52 倭文神社《しとりじんじゃ》（鳥取県）

国《くに》の氣多《けた》大社《たいしゃ》、尾張国《おわりのくに》の真清田《ますみだ》神社、備中国《びっちゅうのくに》の吉《き》備《び》津《つ》神社、伊予国《いよのくに》の大山祇《おおやまづみ》神社、相模国《さがみのくに》の寒川《さむかわ》神社などがあり、その国で厚く信仰される、神格の高い土着の神々が祀られています。

また出雲《いずも》大社《たいしゃ》や諏訪《すわ》大社《たいしゃ》、香取神宮《かとりじんぐう》など、記紀《きき》神話の神を祀る有名な神社も多数、一宮に定められています。

56 吉備津神社《きびつじんじゃ》

62 大山祇神社《おおやまづみじんじゃ》

写真提供／吉備津神社、大山祇神社

神社名と所在地	
53 出雲《いずも》大社《たいしゃ》(島根県)	66 高良《こうら》大社《たいしゃ》(福岡県)
54 物部《もののべ》神社《じんじゃ》(島根県)	67 與止日女《よどひめ》神社《じんじゃ》(佐賀県)
55 水若酢《みずわかす》神社《じんじゃ》(島根県)	68 千栗八幡宮《ちりくはちまんぐう》(佐賀県)
56 吉備津《きびつ》神社《じんじゃ》(岡山県)	69 天手長男《あまのたながお》神社《じんじゃ》(長崎県)
57 吉備津彦《きびつひこ》神社《じんじゃ》(岡山県)	70 海神《わたつみ》神社《じんじゃ》(長崎県)
58 嚴島《いつくしま》神社《じんじゃ》(広島県)	71 阿蘇《あそ》神社《じんじゃ》(熊本県)
59 玉祖《たまのおや》神社《じんじゃ》(山口県)	72 宇佐《うさ》神宮《じんぐう》(大分県)
60 大麻比古《おおあさひこ》神社《じんじゃ》(徳島県)	73 西寒多《ささむた》神社《じんじゃ》(大分県)
61 田村《たむら》神社《じんじゃ》(香川県)	74 柞原八幡宮《ゆすはらはちまんぐう》(大分県)
62 大山祇《おおやまづみ》神社《じんじゃ》(愛媛県)	75 都農《つの》神社《じんじゃ》(宮崎県)
63 土佐《とさ》神社《じんじゃ》(高知県)	76 鹿児島《かごしま》神宮《じんぐう》(鹿児島県)
64 筥崎宮《はこざきぐう》(福岡県)	77 新田《にった》神社《じんじゃ》(鹿児島県)
65 住吉《すみよし》神社《じんじゃ》(福岡県)	78 枚聞《ひらきき》神社《じんじゃ》(鹿児島県)

※一宮は全国に80余社存在している。今回はその中でも全国一宮会に参加している神社で、歴史的に一宮とされている神社を中心に選定し、北から順番に掲載した。

おもな参考文献

三橋健・白山芳太郎『日本神さま事典』（大法輪閣）／三橋健『子どもに伝えたい日本人のしきたり』（家の光協会）／三橋健『神社と神道がわかるQ＆A』（大法輪閣）／三橋健『神社の由来がわかる小事典』（PHP研究所）／三橋健『神道の常識がわかる小事典』（PHP研究所）／三橋健『図説　あらすじでわかる！ 日本の神々と神社』（青春出版社）／三橋健『日本の神々　神徳・由来事典』（学習プラス）／三橋健『厄祓い入門』（光文社）／三橋健監修『図説　あらすじで読む日本の神様』（青春出版社）／三橋健監修『目からウロコの日本の神々と神道』（学習プラス）／『伊勢神宮と東海のまつり』（神宮展（6）霞会館 2010）／『神様と神社入門』FEB.2010 No.117／『エソテリカ事典シリーズ2　日本の神々の事典』（学研）／『サライ2008年号「一宮」詣で』（小学館）／『週刊　神社紀行』（学研）／『祭礼・山車・風流』（四日市市立博物館）／岩井宏實・日和裕樹『ものと人間の文化史　神饌』（法政大学出版局）／上杉千郷『日本全国 獅子・狛犬ものがたり』（戎光祥出版）／加藤隆久監修『イチから知りたい日本の神様1　熊野大神』（戎光祥出版）／北川央・出水伯明写真『神と旅する太夫さん』（岩田書院）／坂本勝監修『古事記と日本書紀』（青春出版社）／菅田正昭『日本の祭り　知れば知るほど』（実業之日本社）／鈴木武司『伊勢大神楽探訪』（私家版）／住吉大社編『住吉大社』（学生社）／諏訪大社監修・鈴鹿千代乃・西沢形一編『お諏訪さま　祭りと信仰』（勉誠社）／外山晴彦・サライ編集部編『神社の見方』（小学館）／薗田稔編『神道　日本の民俗宗教』（弘文堂）／たくきよしみつ文・写真『狛犬かがみ』（バナナブックス）／武光誠『神道』（青春出版社）／多田元監修『図解　古事記・日本書紀』（西東社）／作美陽一『大江戸の天下祭り』（河出書房新社）／西牟田崇生編『〔平成新編〕祝詞事典』（戎光祥出版）／丹羽基二『神紋』（秋田書店）／三上敏視『神楽と出会う本』（アルテスパブリッシング）／三橋健『日本人と福の神』（丸善株式会社）／三橋健『日本の神々と神社』（青春出版社）／茂木貞純『神社新報ブックス12　神道と祭りの伝統』（神社新報社）／山口佳紀・神野志隆光校注・訳『新編　日本古典文学全集　古事記』（小学館）／脇田晴子『中世京都と祇園祭』（中央公論新社）／伊勢神宮　ホームページ http://www.isejingu.or.jp/／伊藤聡ほか『日本史小百科　神道』（東京堂出版）／井上順孝『図解雑学　神道』（ナツメ社）／鎌田東二編『神道用語の基礎知識』（KADOKAWA）／鎌田東二『神様に出会える聖地めぐりガイド』（朝日新聞出版）／岩井宏實監修『日本の神々と仏』（青春出版社）／宮元健次『図説　日本建築のみかた』（学芸出版社）／宮元健次『神社の系譜　なぜそこにあるのか』（光文社）／戸部民夫『「日本の神様」がよくわかる本』（PHP研究所）／渋谷申博『総図解　よくわかる日本の神社』（KADOKAWA）／小松和彦他監修『欲望を叶える神仏・ご利益案内』（光文社・知恵の森文庫）／神社本庁研修所編『わかりやすい神道の歴史』（神社新報社）／西田長男・三橋健『神々の原影』（平河出版社）／石毛忠ほか編『日本思想史辞典』（山川出版社）／前久夫『寺社建築の歴史図典』（東京美術）／前久夫『東京美術選書25　社殿のみかた図典』（東京美術）／梅原猛『古事記』（学研プラス）／八幡和郎・西村正裕『「日本の祭り」はここを見る』（祥伝社）／武光誠『知識ゼロからの神道入門』（幻冬舎）／武光誠監修・ペン編集部編『pen BOOKS　神社とは何か？ お寺とは何か？』（CCCメディアハウス）／武光誠監修『すぐわかる日本の呪術の歴史』（東京美術）／豊島泰国『図説日本呪術全書』（原書房）／歴史民俗探究会編『日本の神様と神社がわかる本』（大和書房）／國學院大学日本文化研究所編『神道事典』（弘文堂）

ナ・ハ

マ

ヤ・ラ・ワ

カ

サ

タ

ま

や・ら

神名・人物名さくいん

ア

さ

用語さくいん

あ

か

著者 三橋 健（みつはし たけし）
1939年、石川県生まれ。神道学者。神道学博士。國學院大學文学部日本文学科を卒業。同大学院文学研究科神道学専攻博士課程を修了。1971年から74年までポルトガル共和国のコインブラ大学へ留学。帰国後、國學院大學講師、助教授を経て教授となる。1992年、「国内神名帳の研究」により國學院大學から神道学博士の称号を授与。定年退職後は「日本の神道文化研究会」を主宰。著書に『図説神道』『伊勢神宮と日本人』（以上、河出書房新社）、『かぐや姫の罪』（新人物文庫）、『伊勢神宮―日本人は何を祈ってきたか』（朝日新書）などがある。

イラスト　くさかたね、栗生ゑゐこ、平松ひろし、北嶋京輔
デザイン・DTP　佐々木容子（カラノキデザイン制作室）
校正　西進社
編集協力　堀内直哉

※本書は、当社ロングセラー『カラー図解 イチから知りたい！日本の神々と神社』（2019年2月発行）をリニューアルして、書名、判型、価格等を変更したものです。

イラスト＆図解《ずかい》 知識《ちしき》ゼロでも楽《たの》しく読《よ》める！
神様《かみさま》と神社《じんじゃ》

2024年7月25日発行　第1版

著　者　三橋 健
発行者　若松和紀
発行所　株式会社 西東社
〒113-0034　東京都文京区湯島2-3-13
https://www.seitosha.co.jp/
電話　03-5800-3120（代）

※本書に記載のない内容のご質問や著者等の連絡先につきましては、お答えできかねます。

落丁・乱丁本は、小社「営業」宛にご送付ください。送料小社負担にてお取り替えいたします。本書の内容の一部あるいは全部を無断で複製（コピー・データファイル化すること）、転載（ウェブサイト・ブログ等の電子メディアも含む）することは、法律で認められた場合を除き、著作者及び出版社の権利を侵害することになります。代行業者等の第三者に依頼して本書を電子データ化することも認められておりません。

ISBN 978-4-7916-3379-1